LA
DETTE PUBLIQUE

HISTOIRE DE
LA RENTE FRANÇAISE

PAR

J.-M. GORGES

Sous-Directeur de la Dette inscrite au Ministère des finances.

———————

PARIS

GUILLAUMIN ET Cⁱᵉ	CHARAVAY FRERES
Libraires-éditeurs	Libraires-éditeurs
14, rue Richelieu, 14.	4, Rue de Furstenberg., 4

1884

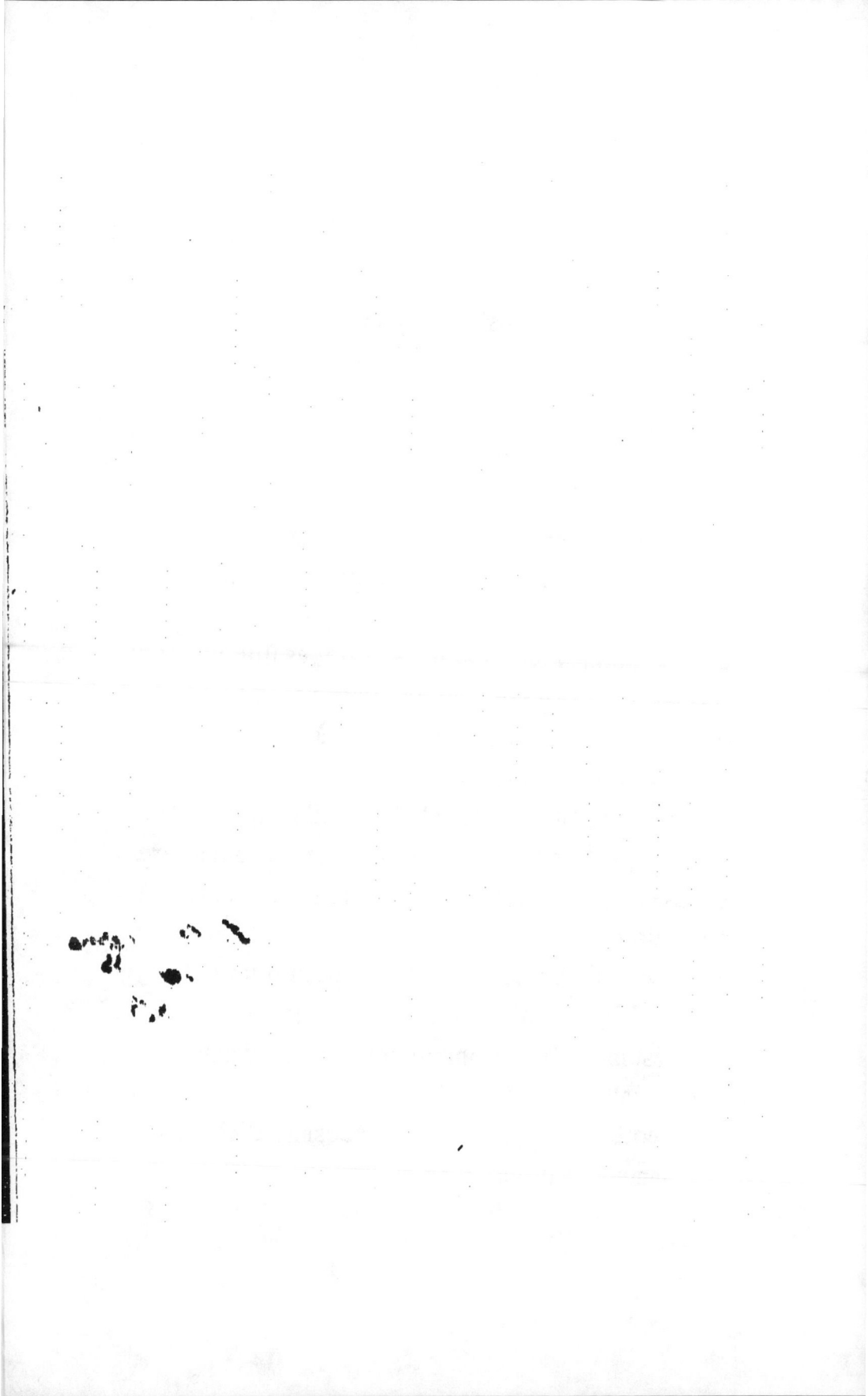

PRÉFACE

Tout ce qui concerne la Rente s'impose à l'attention du public, peu éclairé sur ces questions spéciales.

On ne saurait nier, d'ailleurs, que les fluctuations du cours de la Bourse, les discussions de la presse et de la tribune ne soient de nature à jeter dans son esprit plutôt la confusion que la lumière.

Le groupement rationnel des chiffres étant une science réputée exacte, les maîtres en cette matière s'adressent volontiers mutuellement le reproche d'inexactitude.

A des cris d'alarme signalant le péril d'un déficit, on répond par le tableau d'une situation prospère, qui se résume en une somme importante d'amortissements réalisés.

D'un côté, on proclame la nécessité d'effectuer graduellement la liquidation du passé.

De l'autre, on professe que la Dette ne doit pas plus s'éteindre que la Nation sur laquelle elle repose.

Certains économistes préconisent l'unification, que repoussent les partisans de la diversité des fonds.

Possesseur tranquille et régulièrement payé d'une inscription librement choisie, facile à négocier, le rentier sérieux a le droit de se montrer indifférent à ces savantes controverses.

Cependant on voit surgir une école de réformateurs qui supprime absolument le Grand-Livre, considéré comme le livre d'or d'une sorte d'aristocratie financière, dont la richesse usurpée doit rentrer dans le patrimoine commun.

Or, cet anathème est un pur anachronisme.

Pendant près de trois siècles, en effet, les appels au crédit s'adressèrent invariablement aux « notables, » aux « aisés » de la population ; ceux-ci pouvaient seuls prétendre au parchemin notarié qui les faisait créanciers de l'État.

Mais les temps sont bien changés.

Là, comme partout, la Démocratie a marqué son inévitable empreinte.

Aujourd'hui, les Caisses d'Epargne, qui ne sont point alimentées par des millionnaires, fournissent au Trésor une clientèle considérable.

Dans le bilan de leurs opérations établi à la fin de l'année 1880, on constate l'acquisition de 11,854,155 fr. de rente ayant coûté 286,829,550 fr.

En 1881, celle de Paris a acheté pour ses déposants 18,744 inscriptions représentant 427,499 fr. de rente.

C'était, de plus que l'année précédente, 2,454 inscriptions et 51,515 fr. de rente.

Les titres laissés à sa garde et dont elle perçoit les arrérages s'élevaient, au 31 décembre 1882, à 28,333 pour la somme de 717,016 fr. de rente.

Le Grand-Livre n'est donc plus le domaine exclusif des capitalistes et des gens de loisir; le travail y a conquis une place honorable, incessamment accrue par sa prévoyance.

La sagesse populaire se manifeste de la manière la plus saisissante.

Il est permis de voir dans le titre de rente noblement acquis, un trait d'union, un gage de paix et de conservation.

Par quels moyens ce progrès s'est-il accompli?

Il nous a paru intéressant de rechercher comment s'est formé, à l'origine, le contrat solennel qui lie l'État envers ses prêteurs ;

De suivre, à travers l'histoire, la destinée du pacte fondamental souvent déchiré par l'arbitraire, l'invasion de la Dette dans toutes les branches du « domaine royal » ;

De montrer ensuite cet amas confus de contrats indigestes, de créances disparates se fondant, sous la Convention, en un tout simple et homogène, le *Grand-Livre* ;

Enfin d'observer les modifications de la Dette sous cette forme nouvelle, et la marche graduelle de la vulgarisation de la rente, passant dans le mouvement de la spéculation par la création de l'inscription au porteur, pénétrant dans les masses laborieuses par la consolidation des livrets de Caisses d'Épargne et par les souscriptions publiques.

Cette étude se trouvera naturellement divisée en trois parties :

Origines de la Dette publique ;

Œuvre de Cambon ;

Transformations du Grand-Livre.

PREMIÈRE PARTIE

ORIGINES DE

LA DETTE PUBLIQUE

PREMIÈRE PARTIE

ORIGINES DE

LA DETTE PUBLIQUE

PRATIQUES FINANCIÈRES

DE L'ANCIEN RÉGIME

I

Sous l'ancienne monarchie, aucune règle précise ne garantissait l'équilibre entre les revenus et les dépenses de l'État.

L'État lui-même, être moral résumant une idée de force, de prévoyance et de protection, n'apparaît pas avant le XIIe siècle. Jusque-là, les Capétiens, sortis des ruines de la domination franque, restent sous la tutelle des nobles qui ont élevé au trône le chef de leur dynastie. Le roi n'est qu'un seigneur choisi par ses pairs, vivant comme eux des redevances féodales attachées à un domaine circonscrit dans l'Ilé-de-France et une partie de l'Orléanais. Mais avec Louis-le-Gros, qui étend et fait respecter son autorité, on sent poindre la pensée dirigeante, l'action gouvernementale. Le groupe communal se forme et prend une vie propre où le ministre Suger puise les premiers éléments d'une organisation administrative et financière, développée par Philippe-Auguste, véritable fondateur du *royaume*.

Une vive impulsion est alors donnée aux mesures d'utilité publique, dont l'exécution est confiée à des agents répandus et hiérarchisés dans le pays enrichi autant qu'agrandi. Les libéralités consignées dans le testament de Philippe-Auguste révèlent l'importance du trésor que la perception régularisée des aides lui avait permis d'entasser en le laissant improductif. Les sommes appartenant au fisc, mais affectées comme bien propre par le donateur à des œuvres pieuses, représentent plus de onze millions de notre monnaie (1). Et cette énorme accumulation de numéraire n'avait pas empêché les fortunes privées de suivre la même progression ; un certain Gérard de Poissy avait pu tirer de ses coffres et fournir à la municipalité de Paris 14,000 livres (378,000 francs) pour le pavage des principales rues.

Cette prospérité, qui se maintient sous Louis VIII, est troublée pendant la régence agitée de Blanche de Castille. Mais la persévérante droiture de saint Louis modifia si bien la situation que, au dire de Joinville, « le domaine, censifs, rentes et revenus du royaume croissaient d'an en an de moitié. »

Loin de suivre les rigides traditions de

(1) Il léguait plus de 408,000 livres parisis. Le marc valait 2 livres parisis, la livre parisis représentait 27 francs, le sou parisis 1 fr. 35 centimes. Vingt sous formaient une livre. Le sou *tournois* (monnaie de Tours) ne valait que 1 franc.

son aïeul, Philippe-le-Bel commence à obérer le Trésor en se lançant le premier dans la carrière des emprunts, source d'exactions et d'abus de toute espèce. Pour rembourser les sommes considérables que lui avaient avancées deux riches marchands originaires de Florence, ce monarque délégua à ses prêteurs le recouvrement des impôts dans plusieurs provinces, désastreux privilége que ces étrangers avides surent étendre à l'ensemble des ressources du pays, en se rendant indispensables par de nouveaux services.

Ainsi s'annonçait le système de fiscalité à outrance d'un règne marqué par le déchaînement du fléau de la Ferme, de la Maltôte, par des confiscations violentes et par l'altération des monnaies, dont le titre et le poids subirent en dix-neuf ans vingt-deux variations aussi arbitraires qu'habilement calculées. On imposait aux particuliers un numéraire de bas aloi, sauf à pendre les mutins que la ruine poussait à la révolte. Mais si le roi venait à marier sa fille Isabelle, ou si son fils aîné atteignait l'âge d'être armé chevalier, le cours de la forte monnaie reparaissait, afin de grossir le tribut qu'il avait droit d'exiger en vertu de la coutume féodale.

Philippe de Valois et Jean comprirent de même les intérêts du trésor et l'alimentèrent par de semblables moyens. C'était le temps « où le pouvoir souverain semblait ne se réserver la fabrication des monnaies, que pour ruiner ses débiteurs et faire banqueroute à ses créanciers. » (2).

En cherchant dans les États généraux un appui contre Boniface VIII, Philippe « le faux monnayeur » avait tracé à ses successeurs une voie plus légale et surtout plus morale, pour dénouer les situations embarrassées. Mais ce recours inévitable à la nation elle-même était un grave écueil pour les prérogatives de la Couronne. Plus d'une fois, les subsides réclamés furent

(2) M. Natalis de Wailly, *Mémoire sur les variations de la livre tournois.*

achetés au prix d'importantes concessions faites à l'esprit croissant de contrôle et d'indépendance.

On sait comment les États tenus à Paris pendant la captivité du roi Jean arrivèrent à une véritable conception du régime parlementaire, et l'organisèrent par des réformes profondes, trop peu comprises encore des populations appelées à en recueillir les bienfaits.

L'existence séparée de la Chambre des Comptes et la création d'une Cour des Aides, juridiction supérieure en matière d'impôts, restèrent comme traces de cette fameuse révolution de 1357. La réaction fit disparaître l'ensemble des garanties dont la perception des revenus et la répartition des charges avaient été entourées. Mais le Tiers, qui avait réalisé ce progrès passager, continua à faire entendre au sein des assemblées une voix d'autant plus autorisée, qu'il supportait seul en définitive tout le poids des allocations consenties au nom de l'universalité des citoyens, et qu'on avait pu juger de son sens pratique par la part qu'il avait prise à l'administration temporaire du royaume.

Il en fallait donc toujours revenir à ces gens de métier initiés aux affaires publiques par la gestion des intérêts communaux, dotés par saint Louis d'une organisation privilégiée et grandissant au milieu des dignités de leurs corporations. Aussi voit-on Charles V, retiré en son hôtel Saint-Paul, qu'il avait fondé et baptisé « ostel solennel des grands esbatements », s'entourer d'hommes de la classe moyenne, et leur confier le soin de développer le commerce, de répandre l'instruction et d'introduire dans les finances un ordre qui peut être apprécié par les détails de l'ordonnance du 13 novembre 1372. Le texte en est remarquable par la précision avec laquelle sont fixées les sommes affectées à l'entretien personnel du roi, à ses dépenses éventuelles et à l'acquittement de certaines charges déterminées :

« Item. Les VI^m Frans (1) pour l'ostel du

« Roy se prendront sur le pais que a en
« gouvernement Messire Pierre de Che-
« vreuse ; et les v ᵐ Frans pour mettre en
« ses coffres seront prins sur le fait de
« Paris.

    « Item. Il plaist au Roy que le Rece-
« veur-Général ait chascun mois, x ᵐ Frans
« pour les choses qui surviennent chascun
« jour en la chambre, et x ᵐ Frans pour
« paier les debtes... »

Cette réserve mensuelle de dix mille
francs faite pour des besoins évalués d'a-
vance, en dehors des affaires journalières,
variables et accidentelles, s'appliquait à
une dette temporaire régulièrement établie.

L'altération des monnaies fut l'un des
moyens adoptés par Charles VII pour rem-

---

(1) Jean le Bon avait le premier mis en circulation des
monnaies d'or fin pesant un gros et un grain, dites
francs à cheval, parce qu'elles portaient l'effigie royale armée
et à cheval. Les francs de Charles V étaient *à pied* ; ils représentaient le roi assis sur son trône. Comme valeur intrinsèque, ils correspondent à 13 francs 17 centimes actuels.

plir les engagements négligés ou même aggravés pendant le triste règne de son père. D'utiles réformes signalèrent cependant l'administration de son argentier Jacques Cœur, le plus illustre de ces bourgeois qui assistaient la royauté de leurs lumières et de leur bourse, comme leurs pères des communes l'avaient secourue par les armes.

Mais ce fut surtout à la municipalité parisienne qu'échut le coûteux honneur d'être la providence de ses souverains dans les jours de détresse.

Louis XI et Charles VIII eurent à se louer de son assistance, ainsi que le constate un édit de Louis XII, du 19 décembre 1499, autorisant l'établissement d'un droit d'octroi à Paris pour la reconstruction du pont Notre-Dame, « tombé et démoli par cas fortuit et inespéré », opération qui devait « faire de grands et merveilleux « cousts...

« A quoy obstant les debtes qu'ils ont « de présent, tant en rentes en quoy la dite « ville s'est obligée, pour trouver argent pour

« subvenir aux affaires des feux Roys nos
« prédécesseurs de bonne mémoire, Louis
« et Charles que Dieu absolve... »

L'Hôtel de ville payait donc encore, à
cette époque, les intérêts de sommes
précédemment empruntées pour la Couronne.

II

L'entremise discrète des notables de sa
bonne ville devait convenir à François Ier,
peu favorable à toute velléité de discussion et de contrôle, créateur des « acquits
de comptant, » au moyen desquels le roi,
sur un simple bon, signé de sa main, pouvait prendre au Trésor des fonds dont l'emploi se trouvait soustrait à l'examen de la
Chambre des Comptes.

S'abstenant avec soin de provoquer ces
réunions solennelles aux débats ardents où
se professaient des théories subversives, —

comme les États de Tours, par exemple, qui avaient affirmé le principe de la souveraineté nationale et revendiqué le droit de voter l'impôt, — François Ier s'ingéniait à demander isolément aux différents corps de l'État des ressources extraordinaires pour subvenir aux frais de guerres continuelles et aux ruineuses prodigalités de la Cour.

Ainsi, sous prétexte de régler un point délicat de discipline, de procéder à la réforme de certains abus, on assemblait à la hâte les autorités ecclésiastiques, qui n'avaient en réalité qu'à prendre communication, pour le subir, d'un prélèvement sur les biens du clergé.

Une autre fois, c'étaient des bourgeois appelés par le roi lui-même à une délibération improvisée sur des intérêts aussi graves qu'urgents. Réunis avec empressement au lieu habituel des séances, ils se voyaient subitement frappés d'une contribution plus ou moins forte, suivant le degré d'aisance qui leur était attribué.

Ces procédés sommaires d'impôt direct

et progressif se trouvent consignés dans des mémoires contemporains :

« Au dict an (1522), le lundy dix-huitième
« aoust, arriva le Roy à Paris... La cause
« de sa venue fut pour les empruntz qu'il
« fit gros à Paris, et furent plusieurs ma-
« nans et habitants de la ville mandez de
« par le Roy pour parler à luy ; et leur de-
« manda argent à prester, aux uns mille
« livres, huit cens livres, cinq cens livres,
« et ainsy d'aultres sommes, et aux mar-
« chans, advocatz, procureurs, huissiers,
« notaires et aultres gens ; et les officiers
« de sa maison n'estoient point payez des
« gaiges de leurs offices. »

Mais ce n'étaient là que des expédients passagers, auxquels l'esprit inventif du complaisant chancelier Duprat devait donner une base durable et régulière. L'occasion ne se fit pas attendre, car le chroniqueur continue :

« Environ le moys d'Octobre, fut faicte
« une aultre assemblée en la ville de Paris,
« de par le Roy, lequel y envoya son chan-

« celier, lequel demanda aux habitans de
« la ville jusques à la somme de cens mil
« escus d'or, pour luy subvenir en ses
« guerres et affaires, offrant bailler rente
« aux taux des ordonnances royaulx de
« douze livres une livre ; ce qu'il fallust,
« par amour ou par force, luy accorder...

« Et après il demanda argent pour cons-
« titution de rente de douze livres une
« livre ; et bâilla à la ville l'imposition de
« pied fourché, la boucherie de Beauvais,
« et la ville s'obligeoit aux habitans de les
« païer en rente par chacun an, de l'argent
« du Roy venant des dictes impositions ;
« et fut forcée et contraincte la ville de lui
« bâiller et fournir jusques à la somme de
« cens mil escus d'or (1). »

Le sacrifice demeure obligatoire, mais il
est équitablement atténué par cette rente
annuelle de « douze livres une livre », représentant un intérêt de 8. 33 pour cent.

L'Édit qui consacre le nouveau mode

(1) *Journal d'un bourgeois de Paris.*

d'emprunt est du 10 octobre 1522 ; il porte aliénation « à perpétuel rachapt et réméré », de 16,666 livres 13 sous 4 deniers, (78,833 fr. 21 c. de notre monnaie) de rente sur la ferme du « pied fourché (1) » vendu en la ville, faubourgs et marchés de Paris et sur l'impôt du vin débité au quartier de la Grève. La cession, consentie le 28 septembre précédent, est faite pour 200,000 livres, (946,000 francs en valeur intrinsèque, 4 millions environ en valeur relative) aux Prévôt et Échevins de la ville, chargés de répartir les rentes entre les habitants désignés et de leur en « passer constitution » au prorata des sommes auxquelles ils seraient taxés.

Les porteurs de titres touchèrent si exactement le produit des impôts aliénés à leur profit, que quatorze ans plus tard, ils offrirent spontanément cent mille livres au roi qui les accepta aux mêmes conditions.

En conséquence, par lettres patentes datées d'Amboise le 17 novembre 1536 et

---

(1) Bétail aux pieds fourchus.

communiquées aux intéressés dans une assemblée tenue à l'Hôtel de Ville, il désigna trois mandataires, pour vendre en son nom aux Prévôt et Echevins 8,333 livres de rente, réalisées au moyen de l'abandon des taxes frappant le poisson de mer frais et salé vendu à Paris, et le vin détaillé aux quartiers des Halles.

L'acte fut ratifié par lettres patentes du 30 décembre, « registrées » au Parlement le 25 janvier de la même année, qui finissait alors à Pâques.

Un semblable traité, conclu en 1537, et affectant au paiement d'une nouvelle rente de 16,666 livres 13 sous 4 deniers, les fermes concédées tant sur le commerce du vin en gros à Paris, en détail aux quartiers des Halles et du Petit-Pont, que sur celui du poisson de mer salé et d'eau douce, confirme le succès de cette combinaison financière, dont chacun pouvait apprécier les avantages.

Le Roi, en effet, affranchi de tous frais de négociation, encaissait intégralement la somme convenue, à des conditions moins onéreuses que les marchés passés avec les usuriers habituels.

Les rentiers trouvaient une grande sécurité et un denier plus élevé dans un placement fait avec la participation des représentants honorés de la cité.

Enfin, ces Magistrats eux-mêmes, jaloux de leurs prérogatives, se montraient fiers de la haute confiance dont ils étaient investis et pleins de sollicitude pour les questions de Rentes, soumises à la juridiction du « Bureau de la Ville. »

Donc, les parties seront liées désormais par un contrat synallagmatique :

L'État, forcé d'emprunter, assure *à perpétuité* le paiement des intérêts de l'argent qui lui est fourni, en se réservant la faculté de se délibérer à son heure.

En échange de cette garantie, le créancier renonce au droit d'exiger de son débiteur le remboursement du capital prêté.

La *Dette publique* est fondée.

Les conditions essentielles du Crédit public sont encore loin d'être entrevues, puisqu'en même temps que le germe d'une pensée féconde, basée sur la confiance et la sincérité, on voit s'introduire la pratique des « acquits de comptant » érigeant en système la dissimulation de dépense, doublant l'absolutisme politique d'un pouvoir financier sans contrôle.

Le fait a de beaucoup précédé l'idée. Le contrat de rente perpétuelle imaginé par le cardinal Duprat n'était point la déduction d'un principe dont les lois avaient été d'avance reconnues et calculées, mais une simple délégation d'une durée illimitée consentie par le roi sur une portion de son revenu, en évitant d'en abandonner, comme Philippe le Bel, le recouvrement direct au créancier.

En rappelant quel ministre fut l'inspirateur de cette importante mesure, il convient de mentionner également le nom d'un homme prévoyant qui, le premier aussi, découvrit un moyen mathématique d'é-

teindre une dette dans une période déterminée.

C'est encore le récit de l'honnête bourgeois qui nous fait connaître ce fonction-
naire modeste, attaché à la Comptabilité
des dépenses de bouche de la maison du
roi :

« Dont il fut trouvé par Berthelot, maistre
« de la Chambre aux deniers, qui trouva
« l'invention des admortissementz des ren-
« tes et héritaiges qui estoient aux églises
« du royaulme de France, pour les ad-
« mortir et païer les admortissementz. »

François Ier empruntait tant, qu'il fallait
bien varier les procédés. Dans le but de s'assurer une réserve permanente et d'enlever à
ses ennemis leurs principaux moyens d'action, il avait même établi à Lyon une banque où il recevait à 8 o/o « l'argent d'un
chacun » — rêvant une sorte d'acccapare-
ment des fonds disponibles à l'étranger.

Henri II puisa sans mesure aux diverses sources qui lui étaient ouvertes. Après avoir dissipé 400,000 écus provenant d'emprunts réalisés par son père, il emprunte à son tour en luttant à sa manière contre le discrédit : tout contrat de prêt entre particuliers dépassant dix livres tournois de rente, était interdit (1) jusqu'à ce que le roi se fût lui-même procuré le capital de 490,000 livres de rentes, à prendre notamment sur le produit des magasins et greniers à sel.

A une assemblée de notables réunie à Paris en 1558, et qui lui offrait « les corps et les biens des citoyens de tous les ordres », il réclamait l'effrayante avance de trois millions d'écus d'or (34 millions cinquante mille

(1) Les greffiers des insinuations, établis pour assurer l'effet de cette prohibition, sont devenus les conservateurs des hypothèques.

francs), à prendre exclusivement sur les riches, le reste de ses sujets étant écrasé de subsides et d'impôts. On devait payer au denier 12 l'intérêt de cette somme, allouée en vue des besoins de la guerre et qui passa presqu'en entier dans les fêtes du mariage du Dauphin avec Marie Stuart.

La Dette publique s'élève alors à 42 millions représentant 168 millions de notre monnaie, et plus du double en valeur relative.

Avec un revenu de 16 millions, dont le quart était engagé, la Cour, qui, sur les 12 millions restant libres, en prélevait deux et demi pour sa dépense, était dans l'impossibilité de satisfaire ses créanciers. Le Cardinal de Lorraine, chargé des finances sous François II, supprima donc le service des intérêts et prit des arrangements pour le principal.

Cette mesure radicale n'eut pas tout l'effet qu'on en pouvait espérer : le passif continua de grossir, pendant que l'actif diminuait d'une manière sensible. Lorsque

Catherine de Médicis essaya, avec l'aide de L'Hospital, de remédier à la situation du Trésor, les revenus s'étaient abaissés à 12.260.000 livres, et la Dette avait atteint le chiffre de 43 millions et demi, équivalant à 174 millions de francs (500 millions environ en valeur relative).

La nécessité de mettre fin à un pareil désordre inspira aux États de Pontoise (1561) une idée bien hardie pour l'époque : c'était d'affecter à une liquidation reconnue urgente tous les biens du clergé qui recevrait en compensation un salaire déterminé; mais ce projet n'eut pas de suite. Le prélat désigné pour le combattre l'avait dit : c'était chose grave que « d'étendre la main sur le sanctuaire. »

Le corps, menacé en fut quitte, cette fois, pour une subvention de 9.600.000 livres (36,288,000 francs) répartie en six annuités, qu'il consentit par une convention signée après le colloque de Poissy, le 21 novembre 1561.

Ce tribut fut vite, comme toujours, escompté par des émissions de rentes.

Depuis la Réforme, l'Église ne marchandait guère le prix de l'ardent concours prêté par la royauté à la sainte cause. A l'expiration de cet engagement, elle en contracta un nouveau, en se chargeant du service des 630.000 livres de rente existant encore sur l'Hôtel de ville, après l'amortissement de la première création, opéré dès 1547, et le rachat de diverses autres émissions aux conditions stipulées dans les contrats.

Paris étant alors bloqué par les Huguenots, le Pape autorisa l'aliénation des biens de l'Église, jusqu'à concurrence de 50.000 écus d'or (567.500 francs) de rente, « moyennant que le produit de cette vente soit employé à l'extermination des hérétiques. »

Avant même que l'opération eût été réalisée, le clergé donna 1.800.000 livres au roi ou plutôt à Catherine de Médicis, car, bien que Charles IX eût atteint sa majorité depuis quatre ans, sa mère demeurait l'âme de toutes les négociations qui se poursui-

vaient en son nom. C'est encore elle qu'on
voit à l'Hôtel de ville, réclamant l'assistance de la magistrature bourgeoise, dont
le concours n'est déjà plus tarifé :

« Alors, fut intimé à la reine et à sa compagnie qu'elle se retirast en une chambre
qui lui avoit été préparée près de la grande
salle... »

Le corps de ville délibère et conclut à la
levée d'un impôt de 300.000 livres tournois.

« Ce faict, la dicte dame revint à la dicte
salle, et étant assise en sa chaise, lui fut
déclarée la dicte conclusion, dont elle re-
mercia bien fort la dicte compagnie. »

La municipalité lui accorda en outre sa
garantie pour le paiement des 50.000 écus
d'or au soleil promis à celui qui livrerait
Coligny.

Henri III ne s'occupa guère d'entretenir
des dispositions aussi favorables. L'emploi
abusif « des acquits de deniers comptants »
lui fournit, sans objection possible, les fonds
nécessaires aux besoins créés par sa fantai-

3

sie ; mais, lorsqu'il voulut mettre la population parisienne au régime des emprunts forcés, les autorités populaires protestèrent énergiquement contre un favoritisme effréné qui livrait, par de scandaleux trafics, les places et les trésors de l'État aux plus incapables et aux plus indignes.

Le roi brisait toute résistance en s'emparant violemment de l'argent affecté aux rentes de l'Hôtel de ville, et répondait aux remontrances en nommant surintendant le marquis d'O, flétri pour ses débauches et ses dilapidations, et en consacrant aux noces de Joyeuse, l'un de ses mignons, 1 million 200.000 écus d'or (treize millions deux cent mille francs en valeur intrinsèque, — plus de 30 millions en valeur relative).

Le domaine ecclésiastique n'était pas moins largement mis à contribution. Tout en distribuant à des favoris et favorites laïques de toute condition les sept huitièmes des abbayes réservées à sa nomination, le roi doublait la participation du clergé au paiement des rentes de l'Hôtel de ville qui s'élevaient, en 1576, à 3.132.000 livres (13.154.400 francs) ainsi réparties :

1.938 livres sur les Aides et Gabelles.

1.194 sur le Clergé. (1).

Arguant de l'expiration des traités, l'Église essaya de mettre fin aux sacrifices qu'elle s'était imposés pour assurer le règne de l'orthodoxie. A la suite d'un synode tenu à Melun, elle déclara qu'elle se considérait comme dégagée de l'obligation d'acquitter les 1.200.000 livres de rentes mises annuellement à sa charge.

(1). Jusqu'alors, le Receveur de la Ville, pourvu directement des fonds nécessaires par les Fermiers et l'autorité ecclésiastique, restait seul chargé du service des rentes. Cette dépense étant inférieure au montant des taxes engagées, le maniement des deniers disponibles compliqua peu à peu sa comptabilité. De là, dans les paiements, une lenteur et une confusion qui excitèrent de vives réclamations.

Le clergé prétendait acquitter lui-même les rentes auxquelles il était assujetti, ou faire nommer « quelque notable personnage pour tenir le contrôle de la Recette et Dépense, »

Il obtint satisfaction sur ce dernier point, par la création (Edit d'avril 1576) de deux offices de « Contre-Rôleur », appelés à enregistrer parallèlement les opérations effectuées en leur présence. On multiplia plus tard ces agents, qui relevaient de la Municipalité.

Cette décision provoqua dans Paris un soulèvement peu explicable, puisque les arrérages versés aux échéances dans les caisses du receveur de la ville, y étaient saisis par le roi aul ieu d'être touchés par les rentiers.

Quoi qu'il en soit, l'assemblée ecclésiastique recula devant les conséquences de son refus et, pour apaiser le roi et les Parisiens, elle finit par augmenter le chiffre et la durée de sa contribution annuelle.

Mais aux États de Blois (1588), où la Ligue triomphante avait acculé Henri III, les trois ordres s'unirent pour lui faire expier tant de prodigalités insensées, de défis jetés à l'opinion. Malgré l'assurance de d'O, le surintendant, fixant à vingt-sept millions par an la somme indispensable au gouvernement, les députés n'accordèrent au roi « mis à la besace » qu'un secours humiliant de « six vingt mille écus » (1 million 336.800 fr.). Dédaigneux devant les prévenances insinuantes du monarque, sourds à ses serments, à ses supplications, ils réclamèrent impérieusement la création d'une Chambre de justice chargée de répéter les dons, pensions et largesses incalculables qui avaient ruiné le pays.

Le meurtre de Guise met fin à ces improtunités ; rien ne trouble plus le chaos financier qui ne fait que s'accroître, grâce au pillage organisé à tous les degrés, — depuis la bande puissante et titrée qui exploite ouvertement la faveur du maître, jusqu'à la tourbe des collecteurs infidèles exerçant dans l'ombre leur véreuse industrie.

IV

Henri IV devra donc arracher la France aux traitants, après l'avoir disputée aux meneurs de la Ligue. En conviant à cette entreprise difficile le baron de Rosny, il se donnait lui-même comme exemple de la misère produite par les rapines qu'il s'agissait de combattre : il porte un pourpoint usé, monte un cheval aussi mal harnaché et dîne à l'aventure, car « sa marmite est souvent renversée ». Bref, le Béarnais demande s'il faut se résigner à assister, mourant de faim, au somptueux banquet des parasites qui se partagent les dépouilles de son royaume.

Rosny répondit à cet appel. Pour s'assurer la coopération de ce vigilant interprète de sa pensée, le roi l'imposa au conseil des finances d'où les intrigues avaient déjà réussi à le repousser, et le mit ainsi à même de déployer les solides qualités d'un esprit plus propre à réprimer énergiquement les abus qu'à en prévenir le retour par des réformes profondes.

Le ministre se livre alors à une vaste et minutieuse enquête, dont le résultat est de mettre en lumière un revenu inférieur à 25 millions et absorbé en grande partie par les intérêts d'une Dette de 337.620.252 livres représentant intrinsèquement 985.851.535 francs et correspondant à environ 2 milliards 800.000.000 en valeur relative.

Il restait à l'État 7 millions de ressources disponibles, déduction faite des charges, grossies par un arriéré de douze et de quinze années dans le service des rentes de l'Hôtel de ville, constituées au capital de 41 millions (1).

Un premier examen des titres avait amené la découverte et l'annulation de rentes fictives, nées uniquement de la fraude d'agents concussionnaires, qui s'attribuaient les fonds destinés à en opérer l'amortissement.

Le travail de révision qu'exécute ensuite Rosny a pour but de déterminer les bases de la réduction à laquelle serait soumise cette partie de la Dette, réimputée à nouveau sur le produit de l'impôt qui lui avait été spécialement affecté.

Les rentes préalablement classées suivant leur origine, sont réduites dans des proportions diverses :

(1) Des Payeurs spéciaux, institués par un Edit d'avril 1594, remplacent le Receveur de la Ville pour l'acquittement des arrérages.

Au denier seize, les rentes provenant d'émissions antérieures à 1575 ;

Au denier dix-huit, les rentes de création plus récente, à moins que le capital n'en ait été intégralement fourni par les porteurs ;

Ceux-ci ne reçoivent que le denier vingt ou le denier vingt-cinq, lorsque leurs rentes se sont formées pour le tiers ou pour la moitié de la consolidation d'une créance sur le Trésor.

Si la rente n'est que la représentation de quelque don, solde ou période d'intérêts, les arrérages payés sont considérés comme des à-compte, et l'obligation est éteinte par le complément de la somme due.

Sont supprimés, aux mêmes conditions, les contrats concédés non par publication d'édits, mais à titre purement privé, par des décisions spéciales, « brevets, mandements, lettres closes ou patentes, traités de paix ou réductions de provinces, villes, communautés ou particuliers en l'obéissance du roi. »

Ce Règlement général de 1604 répondait à un besoin incontestable ; il substituait l'ordre et l'économie à la confusion et au gaspillage. Il ne se recommandait cependant ni par l'équité, ni par une réelle intuition des principes du crédit public. La réduction arbitraire, dont il frappait les rentes d'ancienne origine, devait jeter le mécontentement parmi les notables parisiens, souffrant déjà du retard apporté au paiement des arrérages, perdant la croyance de leurs pères dans le caractère immuable et sacré des actes authentiques souscrits par la couronne au commencement du siècle précédent.

Les plaintes hautement exprimées obligèrent Rosny à restreindre sur ce point son plan primitif et à procéder par voie de rachat.

. La diminution obtenue fut de 1.389,278 livres sur les rentes de l'Hôtel de ville, dont le chiffre s'abaissa de 3.428.233 livres à 2.038.955 livres (5,953.748 fr. en valeur intrinsequè). L'on peut évaluer à 5 millions environ le dégrèvement opéré sur les rentes de toute nature.

Après avoir ainsi déterminé les droits des créanciers de l'État, Rosny, fait duc de Sully, s'occupe de les garantir par une scrupuleuse administration des revenus. Il y parvient en centralisant dans ses mains les fils d'une comptabilité embrouillée à plaisir, en impliquant dans les rigueurs d'un redressement général les fermiers, les trésoriers et les Chambres des comptes qui avaient favorisé par leur connivence les malversations de leurs justiciables.

Extinction de 100 millions de dettes ; — recouvrement de 30 millions de domaines aliénés ; — rachat de 5 millions de rentes ; — élévation du revenu net à 20 millions ; — mise en réserve de 20 à 22 millions, tant en espèces gardées à la Bastille qu'en mandats sur les principaux débiteurs du Trésor : voilà ce qu'avait fait Sully dans l'espace de quatorze ans.

Cette œuvre réparatrice languit sous Richelieu, qui consacre tout l'effort de son

génie à l'abaissement des grands feuda-
taires. S'il exprime, dans son *Testament
politique*, le vœu « que le peuple soit à
l'avenir déchargé des trois quarts du faix
qui l'accable », rien n'était moins propre à atteindre ce but que le mode de
réduction de la Dette pratiqué pendant son
ministère.

Parmi les diverses parties de rentes dont
elle se composait, celles de l'Hôtel de ville,
assignées comme on sait, sur les Aides et
Gabelles, avaient seules gardé quelque prestige : c'était l'engagement — non pas le plus
respecté, — mais le moins légèrement violé.
Les rentes sur les Tailles (1) étaient, au
contraire, fort négligées et conséquemment

(1) Les tailles qui, en 1610, ne dépassaient pas 11 millions
et demi de livres, s'élevèrent sous Louis XIII à 44 millions.
En ajoutant à cette somme celle de 25,600,000 liv. imposée
aux habitants pour logement et entretien des gens de guerre,
on constate que les 17 millions de Français d'alors, parmi
lesquels d'innombrables privilégiés échappaient à la taxe,
payaient en contributions directes environ 70 millions de
liv. ou 430 millions de francs.

La France et l'Algérie, comprenant 41 millions d'âmes, sont
portées de ce chef au budget de 1883 pour 705.189,45 francs.

frappées d'une grande dépréciation. Au lieu de relever cette valeur en régularisant le paiement des arrérages, le gouvernement eut la singulière idée de la rembourser à raison de 14 livres pour 1 livre de rente, lorsqu'elle était à peine cotée moitié de ce prix dans les transactions journalières.

Au moment de l'arrivée de Mazarin au pouvoir, l'avilissement était au comble : on se procurait 1 livre de rente pour 30 sous et même pour 20 sous, et l'opération continua dans des conditions plus désastreuses encore. Le taux du rachat fut élevé au profit de personnages influents, qui se faisaient payer 18 livres chaque livre de ces rentes accaparées à 20 sous. Une créature du cardinal, l'Italien Particelli, investi des fonctions de contrôleur général, puis de surintendant, sous le pseudonyme de « Monsieur d'Esmery », dirigeait cette spéculation, dont il partageait le profit et la honte.

Pendant qu'on effectuait avec tant de générosité un remboursement inutile, on se procurait à grand'peine une avance de 12 millions, négociée à 25 0/0 !

Cependant, l'intelligence faisait beaucoup moins défaut que le sens moral chez le nouveau ministre. Après avoir largement pratiqué l'emprunt forcé sur « des aisés » par émissions de rentes, taxes ou retenues de gages, l'extorsion envers les contribuables qui mouraient par milliers en prison, d'Emery chercha dans un impôt de consommation une source légitime de revenu. Mais l'établissement d'un tarif frappant les habitants de Paris, sans distinction de personnes, provoqua une grande irritation parmi les privilégiés. Payer au fisc le droit de faire conduire à leur domicile les produits récoltés sur leurs terres, offensait à la fois l'orgueil, la logique et les intérêts de messieurs du Parlement, dont l'opposition violente rejeta le surintendant vers les moyens extrêmes, qu'il avait essayé d'abandonner. La suspension du paiement des rentes, s'élevant alors à 20 millions (36 millions de fr.), fut le prélude d'une banqueroute qui retrancha des dépenses 38 millions de créances sur l'État (1648).

D'Emery, destitué, laissait à son successeur, le maréchal de la Meilleraie, des coffres vides et 130 millions de dettes.

Un autre compatriote de Mazarin, Tonti, proposa et fit agréer un projet tendant au remboursement graduel de la Dette. 1 million de rentes viagères était offert aux prêteurs d'un capital de 20 millions, divisé en actions de 300 livres. Les souscripteurs étaient groupés, suivant leur âge, en dix classes. Les décès survenus parmi les membres d'une classe accroissaient progressivement la part des co-intéressés survivants, dont le dernier aurait la jouissance de 100 mille livres de rente, devant, après lui, faire retour au roi.

Ces jeux de la mort et du hasard furent appelés *tontines*, du nom de leur inventeur.

La fortune publique se prêtait sans obstacle aux expériences des novateurs : elle était tombée aux mains de Fouquet, qui en avait fait sa chose. Au lieu de se renfermer dans son rôle de surintendant, consistant à présider au mouvement des recettes et des dépenses, sans jamais recevoir ni dépenser lui-même, il exerçait auprès du gouvernement une sorte d'agence générale, chargée de pourvoir par tous les moyens aux besoins qui lui étaient signalés. Grâce à la complicité de Mazarin, qui autorisait cette situation anormale, Fouquet se substituait complétement à l'État dans les emprunts qu'il effectuait sous sa garantie personnelle et celle de ses familiers, grassement rémunérés par leur participation à des opérations aussi lucratives pour les intermédiaires que ruineuses pour le Trésor.

Par suite du manque absolu de confiance résultant de la dernière banqueroute, les traitants se montraient, en effet, de plus en plus exigeants. Après avoir reçu jusqu'à 18 o/o d'intérêts, ils se firent concéder des fermes générales et touchèrent directement, comme représentants de l'administration, les sommes qu'ils revendiquaient en qualité de créanciers. Le contrat de prêt se transformait, vis-à-vis de Fouquet, en un acte de société donnant droit aux bénéfices de son entreprise. Les trésoriers de l'épargne devenaient de simples commis, adaptant docilement leurs écritures aux comptes particuliers du courtier-surintendant, qui s'agitait en aveugle au milieu de ce chaos de fraudes et de rapines.

Il supprimait sans peine un quartier des rentes de l'Hôtel de ville, mais lorsqu'il prétendait dégager des affectations consenties depuis six ans le tiers des revenus publics dont il ordonnait le versement préalable, ses prescriptions demeuraient sans effet, parce qu'on sentait son impuissance à les réaliser.

Fouquet vivait donc principalement d'agiotage et d'emprunts usuraires, dont les taux exorbitants étaient dissimulés au moyen des fameuses « ordonnances de comptant », non soumises au contrôle de la Chambre des comptes. C'est ainsi qu'il

en vint, en 1659, à une émission de
1.200.000 livres de rentes (2.160,000 fr.)
sur les tailles au denier deux, c'est-à-dire
cinquante pour cent.

V

Louis XIV, instruit depuis longtemps
des malversations du surintendant, dirige
contre ces abus les premiers coups de son
pouvoir personnel.

Il s'adjoint, sous le titre modeste « d'intendant et conseiller au conseil des finances », un auxiliaire désigné par Mazarin
mourant, comme ayant fait preuve de fa-
cultés supérieures dans la gestion des biens
de l'insatiable Italien, évalués à une centaine de millions de notre monnaie, équivalant à quatre cents millions environ en
valeur relative. Ce collaborateur contraste
de tout point avec son prédécesseur, le
prodigue et fastueux Fouquet. On le voit

se rendre seul chez le roi, « son sac de velours noir sous le bras » ; il garde discrètement l'attitude effacée « du moindre petit commis de l'épargne ». Mais le conseiller-intendant, préparé par de longues et fortes études au grand rôle que lui réservaient les circonstances, s'appelle Jean-Baptiste Colbert.

Les représailles commencent par l'institution d'une Chambre chargée de juger Fouquet. Un arrêt de bannissement ayant été rendu au lieu de la sentence de mort qu'attendaient le roi et son confident, la peine est aggravée par une commutation en prison perpétuelle.

Les poursuites embrassent toutes les fraudes criminelles commises au préjudice, de l'État : tandis que quarante mille faux nobles rapportent au Trésor la part d'impôt dont ils s'étaient subrepticement affranchis, d'innombrables familles de traitants lui restituent cent-dix millions (204.600.000 fr.) mal acquis. Il y eut de ce chef une forte partie de rentes provenant des émissions désastreuses faites pendant les dernières années de l'administration du Cardinal, ce qui réduisait la Dette d'autant.

Réduire la Dette était la grande préoccupation de Colbert. Son éloignement pour des engagements d'une durée illimitée, destinés à reporter dans l'avenir les embarras du présent, le rendait insensible aux considérations élevées qui commandaient le respect des obligations consenties par l'État. Il se plaçait à un tout autre point de vue.

L'État était seul juge de la rémunération due au capital ; il se libérait valablement envers ses créanciers, en leur payant l'intérêt *légal* des sommes *réellement* fournies : avant de s'incliner devant l'autorité d'un contrat, il avait le droit d'en apprécier la moralité.

En vertu de ce principe, on soumet à une analyse rigoureuse les éléments suspects dont la Dette s'est formée ; — on recherche dans le passé, en remontant jusqu'à 1630, les opérations scandaleuses concernant des rentes devenues sans valeur, et remboursées par faveur à des taux représentant trente, quarante fois le prix d'achat. — On exige des spéculateurs le reversement du capital indûment touché et des intérêts.

En annulant toutes les rentes créées depuis six ans, on indemnise les acquéreurs de bonne foi, avec retenue des arrérages auxquels ils n'avaient pas droit. Leur situation méritait certains égards et ils surent s'en prévaloir pour obtenir, à force de réclamations, d'être maintenus dans la possession de leurs rentes, moyennant une perte de plus des deux tiers (700 sur 1.000), qui leur offrait encore des avantages.

Une transaction intervint aussi au profit des anciens porteurs de titres dépréciés qui, depuis trente ans, avaient bénéficié des honteux trafics facilités par la connivence des surintendants.

Ce premier travail d'élimination accompli, la partie conservée de la Dette est à son tour divisée en catégories, puis remaniée d'après des règles déterminées.

Les Rentes de l'Hôtel de ville, bien que

tenant toujours le premier rang, n'étaient guère cotées qu'aux cinq huitièmes de leur valeur nominale, soit 625 livres pour 1.000 : elles sont réduites à 500 et capitalisées, au denier 18, à 9.000 livres, comme base d'un remboursement éventuel.

La dernière classe de rentes est naturellement atteinte dans une proportion beaucoup plus forte, la quotité de 1.000 livres est réduite à 300.

On conçoit la vive agitation produite par ce prélèvement arbitraire sur la fortune des rentiers, tenus en outre sous le coup d'un remboursement discrétionnaire, opéré au-dessous de la valeur vénale de leurstitres.

Par un édit de décembre 1663, Colbert avait déjà modifié les conditions du marché, en abaissant du denier 18 au denier 20 (de 5 1/2 à 5 0/0) le taux de l'intérêt légal. (1)

Les résultats de ce grand ensemble de réformes influèrent rapidement sur le chiffre

(1) Les prescriptions des ordonnances royales restaient d'ailleurs sans effet. La circulation des espèces était res-

des revenus publics, dont le roi, scrupu-
leusement informé, pouvait suivre lui-même
l'accroissement continu.

On voyait alors Louis XIV, présidant en
personne son Conseil des finances, visant
des ordonnances de paiement, arrêtant des
états de recette et de dépense, après s'être
livré à un minutieux pointage :

« Le Roy prend le registre des fonds, et
« le Contrôleur général tient le registre
« journal, sur lequel il appelle chaque ar-
« ticle de recette et le feuillet de la con-
« sommation où il est enregistré, à côté
« duquel article S. M. met: *Bon*.

« Ensuite, le Contrôleur général appelle
« aussy sur le journal tous les articles de
« la dépense.

treinte ; celle de l'or ne dépassait pas 13 ou 14 millions:
elle est aujourd'hui de 5 à 6 milliards.

Les terres rapportaient 4 o[o ; l'ambassadeur d'Angleterre
payait 2.000 livres françaises par an pour le loyer de l'hôtel
qu'il occupait dans la rue de Tournon.

Le taux moyen des emprunts de la Couronne était le denier 12 (8.33 o[o); c'est ce qui explique comment, après tant
de révisions et de réductions, les capitaux osaient encore
courir les hasards des placements en rentes.

« Quand cette vérification est faite, le Roy
« arreste le tout sur le journal, où il écrit
« de sa main, à la fin de la recette :

« *Somme totale de la recette faite en*
« *mon Trésor royal pendant le mois de...* »
(Mémoire sur l'établissement des registres
du Roy pour ses finances.)

Cette comptabilité, organisée par Colbert, permet de constater le changement
survenu dans la situation financière : quatre
ans ont suffi pour combler un déficit annuel de 37 millions, en faisant monter le
revenu net de 22 millions environ à près de
59 millions.

Mais Louvois prépare, sur un autre
théâtre, des succès plus retentissants, et
ajoute aux dépenses d'un luxe désordonné
le poids écrasant d'un état de guerre pom-
peusement entretenu.

Impuissant à faire prévaloir dans le Conseil, contre l'avis du premier président
Lamoignon, ses idées sur le danger et
l'inefficacité d'un appel au crédit, Colbert
est fatalement entraîné vers les expédients

qu'il avait si longtemps combattus.

Dans l'espace d'un an, deux déclarations interviennent dans le but de faciliter les opérations imposées à sa sagesse :

La première, de février 1672, relève au denier dix-huit (5 1/2 0/0) l'intérêt des prêts faits au roi ;

La deuxième, du 24 février 1673, prévient la résistance des Parlements en prescrivant l'enregistrement immédiat des édits bursaux, sauf remontrances ultérieures, si les magistrats le jugeaient utile.

Neuf cent mille livres de rentes sur l'Hôtel de ville, émises en plusieurs fois, réveillent les appétits des traitants, qui fixent au denier 16 et même au denier 14 (6.25 et 7.14 0/0) le prix de leur concours.

Pour lutter contre la tyrannie des intermédiaires, Colbert établit alors une Caisse d'emprunts, dont le mouvement embrasse tous les degrés de l'échelle des capitalistes : chacun peut, à son gré, verser et retirer la somme prêtée au denier vingt. Les dépôts affluent.

Néanmoins, deux millions de rentes sur l'Hôtel de ville, l'un au denier seize et l'autre au denier dix-huit, sont encore créés en mai et juin 1679; mais l'année suivante, grâce au concours de la Caisse des emprunts qui lui fournit 20 millions au denier vingt, il peut émettre au même taux deux autres millions de rentes à l'aide desquels il abaisse de 70 millions à 38 le chiffre de la Dette flottante.

Les effets du rétablissement de la paix se font sentir; Colbert en profite pour reprendre d'une main ferme et sûre son œuvre interrompue.

Voici sur quelles bases s'opère la liquidation complémentaire :

Les rentes d'ancienne origine, frappées de dépréciation, sont évaluées à quinze fois leur quotité nominale;

Celles dont l'émission onéreuse avait été provoquée par des circonstances récentes sont rachetées aux conditions mêmes du contrat.

Une économie annuelle de 2.800.000 livres est ainsi réalisée, et la Dette consolidée se trouve réduite à 8 millions. (11 millions 840.000 fr.)

Pour arriver en un an (1682) à un pareil résultat, il n'a pas fallu moins de 5 millions de nouvelles rentes : on sent fléchir le crédit, le denier 18 se substitue au denier 20.

Mais le succès de la conversion était acquis, et le ministre avait d'autres préoccupations que le regret de ne pouvoir maintenir l'intérêt au taux primitivement fixé par lui.

A côté d'un remboursement de 90 millions si péniblement accompli, il constatait une dépense de 100 millions faite par le roi dans le même espace de temps !

La recherche de matières imposables le conduit à frapper le tabac d'un droit qualifié de vexatoire et sujet de troubles en Bretagne ; il retire à peine 500.000 livres de cet article, qui rapporte aujourd'hui près de 300 millions.

Malgré les avertissements de l'état de

prévoyance, relevé annuel des recettes et des dépenses, le roi persévère dans la voie ruineuse où il s'est engagé. Le grand ministre meurt impopulaire et presque disgracié par un maître qui lui devait certainement la meilleure part de sa gloire.

VI

L'heureuse influence du contrôleur général, amoindrie par l'ascendant qu'avait pris Louvois, s'efface complétement sous les successeurs de Colbert.

L'intègre Claude Le Peletier signale en vain « l'augmentation prodigieuse qui avoit esté apportée dans les dépenses depuis quatorze ou quinze ans » ; il insinue, dans de fréquents mémoires à S. M., « qu'il eust esté de son service de diminuer les fonds qui entroient dans son Trésor royal, pour laisser plus d'argent dans les próvinces... par une prévoyance digne de S. M. et de la félicité de son règne. » Mais, avoue-t-il, « je m'aperçus que les engagements de Votre Majesté pour la dépense estoient trop forts pour que je pusse les surmonter. » Son rôle se borne donc à rembourser les avances faites par la Caisse des emprunts, ainsi que les anciennes rentes supprimées, afin de donner cours à des émissions nouvelles, à opérer des conversions du denier 20 au denier 18, certaines réductions de tailles et de droits d'aides, — après quoi il dépose un fardeau trop lourd pour lui entre les mains de M. de Pontchartrain.

Le Peletier savait que la prétendue « félicité du règne » ne dépassait pas les riants horizons de Versailles. Il avait pu constater, en compulsant la correspondance des agents extérieurs du Contrôle, classée par les soins de Colbert, la misère qui accablait les provinces en général et le « plat pays » en particulier. Pendant les dix ans que dure l'administration de

Pontchartrain, les lettres des intendants lui apportent de même chaque jour le récit de pareilles souffrances, incessamment accrues par les mesures financières qu'imposent des besoins de plus en plus impérieux.

C'est d'abord la création de rentes viagères accueillies, sous le nom de Tontine royale, avec une faveur marquée et prônée, par les préposés chargés d'en assurer le débit, comme « l'invention la plus belle et la meilleure qui ayt jamais esté pensée. » Puis viennent les constitutions de rentes perpétuelles, qui dépassent un capital de 600 millions de livres (1 milliard 8 millions de francs), les lettres d'anoblissement et enfin les inévitables créations d'offices, sur lesquelles le zèle des intermédiaires avait surtout à s'exercer. Quatre à cinq mille acquéreurs d'emplois nouveaux s'ajoutent à la fois aux surabondants fonctionnaires exemptés de l'impôt, qui retombe, sous toutes les formes, à la charge des pauvres gens.

« Il ne restait, dans la ville de Metz, que
2.200 maisons non exemptes, dont les trois
quarts consistent en boutiques ou chambres
basses, de façon que chaque artisan allait
avoir à loger six soldats au moins dans son
arrière-boutique, et à leur donner 26 sols
par jour pour le bois et la chandelle. »
(Lettre de M. de Sève, intendant à
Metz, au Contrôleur général, 24 octobre
1695).

Dans les bourgs et les villages continuel-
lement traversés par les troupes, on voit
les malheureux déserter en masse leurs
habitations, pour échapper au logement
des soldats. C'est là surtout que la tyrannie du privilége se donne librement carrière : à côté des seigneurs et des représentants de l'autorité, exerçant avec rigueur leurs droits plus ou moins bien
définis, il y a la caste rustique des « coqs
de paroisse » prélevant par l'intrigue toutes
sortes de profits sur la faiblesse et l'igno-
rance du troupeau.

M. d'Ormesson, intendant en Auvergne,

trace le tableau suivant de la détresse des paysans :

« Je me trouve engagé de vous représenter que la misère augmente si fort dans cette province, par le défaut de commerce, par les sommes extraordinaires qu'on a tirées... que chacun gémit et que ceux qui étoient un peu accommodés sont tombés dans un estat si pauvre, qu'après avoir vendu leurs bestiaux et meubles, ils sont réduits à *découvrir leurs maisons pour faire argent des couvertures et des bois pour subsister.* » (Lettre au Contrôleur général, 19 mars 1696.)

Voilà ce que coûtent les victoires de Louis XIV ; car le grand roi n'a pas encore connu l'adversité. L'abandon consenti à Ryswick, des conquêtes faites jusque-là, n'est qu'un moyen d'obtenir une trève nécessaire pour se préparer à de nouvelles entreprises guerrières. Mais, avec le légendaire Chamillart, comblé de faveurs extraordinaires, honoré pour son caractère et raillé pour son insuffisance qu'il proclame lui-même, commence cette période lamentable où la France est écrasée par la guerre, par la famine, par les impôts ; où les vaniteux se pressent au marché des sinécures, où le triomphateur humilié implore la paix et mendie quelques avances du banquier Samuel Bernard, offrant une signature si dépourvue de crédit que, pour un simple prêt de 8 millions, les usuriers exigent 32 millions de traites aussitôt négociées à l'étranger.

On était au plus fort de cette lutte nationale, opiniâtre, qu'avait engendrée la question purement politique de la Succession d'Espagne. Louis XIV, qui prétendait diriger tout du fond de son cabinet, avait eu à combattre à la fois l'Europe coalisée, les protestants révoltés et les rigueurs d'une saison désastreuse qui avait anéanti les dernières ressources du pays. Tous les travaux publics étaient suspendus ; la vie était réduite au plus strict nécessaire. Les grands seigneurs s'étaient mis « à la faïence » ; le roi disposé à s'y mettre lui-même, envoyait sa vaisselle d'or à la Monnaie.

Des têtes affamées et menaçantes se montraient à travers les grilles du parc de Versailles ; les valets de la Cour demandaient l'aumône ; Madame de Maintenon écrivait qu'elle « mangeait du pain d'avoine, » afin de ménager le froment.

La glorieuse défaite de Malplaquet avait fait renaître l'espoir d'obtenir une paix honorable ; mais les conditions hautaines que les alliés voulaient imposer à la France la forcèrent à continuer la guerre.

Le dévouement et l'habileté de Desmaretz, élevé à l'école sévère de Colbert, son oncle, arrivent péniblement à réparer le mal causé par l'impéritie de Chamillart. On avait rapidement épuisé toutes les mesures financières. Après des emprunts à 60 et 80 pour cent, après la taxe par tête, Desmaretz en vient à réaliser une « utopie » de Vauban qui soulevait l'indignation de la noblesse, car « elle rendait toute condition simple peuple. »

La déclaration royale du 10 octobre 1710

prélevait en effet indistinctement un dixième sur tous les revenus, y compris les rentes de toute origine.

On s'explique donc sans peine la double impression produite par la fin du grand règne :

« Le peuple, ruiné, accablé, désespéré, rendit grâces à Dieu, avec un éclat scandaleux, de la délivrance qu'il espérait... pour nos ministres et les intendants des provinces, les financiers et ce qu'on peut appeler la canaille, ceux-là sentirent toute l'étendue de leur perte. »

VII

Louis XIV laissait une Dette de 1 milliard 915,000,000 de liv. (3.408,700,000 francs) avec anticipation de trois années sur les revenus.

Pour couvrir les dépenses ordinaires et un arriéré exigible de 400 millions,

(712,000,000 fr.) il reste tout au plus 800,000 livres (1,424,000 fr.). Il en fallait 420,000 (747,600 fr.) pour l'acquittement quotidien des rentes !

Parmi les avis ouverts dans le conseil de Régence afin de remédier à cet état de choses, celui de Saint-Simon mérite d'être signalé. Selon lui, il ne s'agissait pas de relever le crédit, mais de l'anéantir par une banqueroute franchement déclarée, et « de mettre doresnavant les rois dans l'impossibilité de faire des dépenses outrées et des entreprises ruineuses. » A une disposition aussi radicale, qui eût mal inauguré son gouvernement, le duc d'Orléans préfère les palliatifs consacrés :

Accroissement du nombre des contribuables, par l'abolition des priviléges nobiliaires concédés depuis trente ans ;

Suppression d'offices, sans indemnités aux acquéreurs dépossédés ;

Révision des titres de créance, réduction d'un quart des rentes de l'Hôtel de Ville ;

Refonte frauduleuse des monnaies ;

Revendication contre les dilapidateurs des deniers publics, exercée par la Chambre ardente avec des procédés terrifiants, inquisitoriaux.

Le Trésor ne trouve, dans l'emploi de ces mesures extrêmes, que de faibles atténuations, au lieu des ressources considérables qu'il en attendait.

La routine avait dit son dernier mot, épuisé la série de ses rigueurs impuissantes. Pour le Régent, que n'effraie point le côté téméraire ou hasardeux d'une entreprise, c'est le « moment psychologique » de l'empirisme financier.

Or, l'Ecossais Law est là, présentant son fameux *système* comme un infaillible moyen de salut.

Absorber le capital existant par la fondation d'une banque colossale, jouissant du privilége de centraliser les recettes et les dépenses de l'Etat, d'en exploiter toutes les branches commerciales; offrant un placement garanti par la participation des ac-

tionnaires aux bénéfices d'opérations multiples ;

Transformer en fonds de réserve ces
espèces accumulées, en y substituant une
valeur fiduciaire accrue de tout le crédit
de la banque, et dont la circulation déve-
lopperait à l'infini les forces vitales du
pays...

Telle est cette combinaison émanant
d'une idée fausse sur l'importance économique du numéraire, considéré comme représentation unique de la richesse.

Parmi les promesses contenues dans cet
audacieux programme, la perspective du
remboursement de la Dette, qui dépasse
encore 1.600 millions, séduit particulièrement le Régent. Un moment, il peut croire
à la réalisation de cette chimère. Par la
création de sa banque dans laquelle vient
se fondre la Compagnie des Indes, Law
secoue la torpeur des esprits, relève la
confiance, ranime l'industrie, entraîne les
idées vers le cercle immense du trafic co-
lonial, imprime aux transactions une acti-

vité prodigieuse. En trois ans, de 1716 à 1719, un dépôt de dix mille livres à la banque produit un million ; de cinq cents livres, les actions montent à vingt mille !

Débarrasser l'État de sa Dette, par un prêt de 1.500 millions, doit donc paraître chose facile au sauveur sollicité, acclamé, béni, converti et fait Contrôleur général : il lui suffira de répandre une nouvelle pluie de son inestimable papier sur la foule ardente qui assiége ses bureaux de la rue Vivienne et sa maison de la rue Quincampoix.

La folie des frénétiques de la rue Quincampoix prélude, en effet, à celle des convulsionnaires de Saint-Médard. Comme le bienheureux diacre Pâris, le tout puissant financier a sa légende merveilleuse. On cite un Savoyard, un valet, un petit boutiquier, devenus subitement 40, 50, 70 fois millionnaires, un pauvre être difforme faisant jaillir une mine d'or de sa bosse, offerte en guise de pupitre à l'impatience des agioteurs.

C'est donc avec joie qu'en exécution
d'un arrêt du conseil du 31 août 1719, (1)
les rentiers échangent, entre les mains du
garde du Trésor royal, leurs titres contre
des assignations sur le caissier de la Compagnie des Indes : au lieu du produit des
tailles ou des aides et gabelles, ils auraient
pour gage le domaine illimité des rêves.

L'illusion ne dure pas longtemps.

Les réalisations opérées par quelques habiles déconcertent d'abord la hausse ; une
manœuvre haineuse achève rapidement la
dépréciation. Au milieu des spéculateurs
titrés, couronnés même, qui quêtaient
humblement les faveurs de l'Écossais et de
son protecteur, le prince de Conti se dis-
tinguait par son âpre convoitise, dont l'im-
portunité finit par lui attirer un refus. Le
lendemain, trois fourgons envoyés par le
prince transportaient à son hôtel l'argent
retiré de la banque en échange de la masse
de billets qu'il possédait, et jetaient l'a-

(1) A cette date, la livre vaut 0 fr. 86 c. ; elle reste au-
dessous de 1 fr. jusqu'en 1724.

larme dans le public ému de cet acte éclatant de défiance.

Après avoir tenté en vain d'imposer le cours exclusif d'une valeur désormais condamnée, justifié sa gestion d'accusations calomnieuses, bravé en face l'émeute déchaînée contre lui, Law se retire pauvre et maudit, mais emportant l'estime du duc d'Orléans, qui garda toujours sa foi dans le génie de l'auteur du système, au point de se montrer, à de certains jours difficiles, désireux d'en recommencer l'essai.

Avant tout, il fallait songer à réparer le désastre causé par cette première épreuve. L'inventaire des ruines et le dénombrement des victimes constituaient à eux seuls un travail gigantesque, amoindri toutefois par la triste expérience acquise en cette matière.

La banqueroute prenait rang parmi les mesures gouvernementales ; elle avait ses formes convenues, ses liquidateurs attitrés, les quatre frères Pâris, qui recommencent avec la même sagacité l'œuvre du *visa* accomplie six ans auparavant. Grâce à ces habiles opérateurs, le chaos avait une méthode, la violation des contrats s'accomplissait d'après des règles équitables.

La ruine ne passa point comme un niveau brutal sur les cinq cent neuf mille et onze déposants appelés devant le tribunal d'enquête. La perte qu'on leur fit subir fut graduée, selon les cas, du sixième aux dix-neuf vingtièmes.

Des 2.221 millions que représentait le papier retiré de leurs mains, on retrancha tout d'abord 521 millions. Sur les 1.700 millions formant la différence, on ne remboursa en espèces que 82 millions 1/2. Pour le règlement du surplus, on fit revivre les fiefs municipaux ou mairies héréditaires, on délivra des lettres de maîtrises, on créa des rentes viagères et perpétuelles sur l'Hôtel de ville et sur les tailles, dont le paiement fut garanti par une affectation de 40 millions d'impôts. Bien qu'il eût été stipulé que le capital des rentes viagères, au fur et à mesure des extinctions, serait employé au rachat des rentes perpétuelles, cette clause resta sans effet : plus de quarante ans s'écouleront encore avant que la France entre dans la voie de l'amortissement régulier, déjà organisé en Angleterre.

En résumé, le grand projet de remboursement intégral de la Dette, qui devait se combiner avec les opérations du système, aboutit à une augmentation de 625 millions en capital et de 12.625.000 livres en rentes. Au lieu des énormes bénéfices qu'on leur avait fait espérer, les créanciers de l'État virent leur revenu réduit à 2 o/o environ pour les rentes perpétuelles et à 4 o/o pour les rentes viagères.

La situation, du moins, était nette, et l'accroissement des ressources du pays en atténuait la gravité.

VIII

Après l'agitation fiévreuse entretenue par les péripéties du système, une réaction était inévitable. On la voit se produire déjà sous l'administration de Dubois, qui prend des mesures pour assurer la transmission régulière des actions de la Compagnie des Indes, échappée au naufrage de la banque royale.

A l'origine, les affaires de cette nature se traitaient en plein air. Une ordonnance de Philippe le Bel (février 1304) oblige les « courratiers », « ceux du change », à exercer leur industrie près de la Grève, entre l'église Saint-Leufroy et la grande arche du Grand-Pont, qui prit dès lors le nom de Pont-au-Change. La grande cour du Palais de Justice fut ensuite fréquentée par les spéculateurs, qui se rencontraient sous la galerie Dauphine, du côté de la Concier-

gerie ; puis, la rue Quincampoix absorba
à son tour toute l'activité des transactions.
Enfin, établi pendant quelque temps sur la
place Louis - le - Grand, aujourd'hui place
Vendôme, le marché des valeurs se tint en
dernier lieu à l'hôtel de Soissons, qui occupait le terrain où a été construite la Halle
aux blés.

C'étaient ces réunions irrégulières, tumul-
tueuses, que le gouvernement de Dubois
avait entrepris de faire cesser.

Après avoir interdit aux trafiquants de se
rassembler sur la voie publique, il fait fermer l'hôtel de Soissons où ils s'étaient ré-
fugiés (arrêt du conseil d'État du 25 octobre
1720).

Quatre ans plus tard, l'agiotage est répri-
mé avec une vigueur que révèle l'intervention énergique de Pâris-Duvernoy exerçant
un pouvoir despotique sous le ministère
nominal du duc de Bourbon. Bien que l'arrêt du conseil, qui réglemente la matière,
mentionne seulement les effets négociables,
sans désigner les rentes sur l'État, on ne

saurait le passer sous silence, car il marque
la date de l'institution de la Bourse (1) de
Paris (24 septembre 1724).

Notons d'abord l'affectation exclusive
aux transactions de l'espèce, d'un nouveau
local dont l'entrée s'ouvrait sur la rue Vivienne et qui dépendait de l'hôtel de Ne-
vers, transformé aujourd'hui en Bibliothè-
que nationale. Les personnes munies d'une
« marque » étaient seules admises dans
l'enceinte où soixante agents de change,
intermédiaires imposés aux contractants,
étaient tenus de remplir leur office avec
calme et dignité. Il leur était défendu, sous
peine d'exclusion de l'assemblée et de 6.000
livres d'amende, d'annoncer à haute voix le
prix des valeurs, d'en faire monter ou bais-

(1) L'origine de ce nom n'est pas bien établie.

Guichardin la tire de l'hôtel des Wander-Bourse, orné
d'armoiries portant trois *bourses*, et devant lequel s'assem-
blaient, à Bruges, les marchands, courtiers, interprètes et
autres « suppôts de négoce ».

D'après Castel (*Histoire de Languedoc*), ce seraient les
marchands d'Anvers qui, en achetant, pour se réunir, une
maison où pendait l'enseigne de la *Bourse*, auraient fait désigner ainsi le centre des transactions commerciales.

ser les cours par des manœuvres coupables.. Toute négociation clandestine était également punie d'une amende de 6.000 livres.

De même que ces prescriptions sévères, appliquées avec persévérance, eussent été de nature à réformer les abus et à garantir la moralité des opérations sur les effets publics, l'esprit d'ordre qu'apportait au pouvoir le parcimonieux cardinal Fleury suffisait pour régulariser la situation, pouvu qu'il fut employé avec discernement. Ce fut le contraire qui arriva.

Au lieu de s'en tenir aux dégrèvements réalisés en 1726, le nouveau ministre ne crut pas pouvoir se dispenser d'opérer à son tour la réduction traditionnelle. La combinaison adoptée ne fut pas plus heureuse que l'inspiration qui l'avait fait naître : elle consistait dans la dépossession pure et simple de certains rentiers viagers, privés de leurs arrérages depuis deux ans, et des titulaires de rentes perpétuelles au-dessous de dix livres sur les tailles,

Par ce moyen, qui était la contre-partie du vieux système de mise à contribution des riches, on se déchargeait de 13 millions 1/2 par an, et l'on retranchait définitivement du passif un arriéré de 27 millions.

Toutefois, les protestations du Parlement, jointes aux clameurs des 150,000 victimes de cet expédient, amenèrent le gouvernement à modifier les dispositions prises, en réintégrant dans leurs droits les propriétaires de rentes d'un chiffre peu élevé. Cette restitution, qui embrassa toutes les parties au-dessous de 300 livres, diminua de près de 2 millions les bénéfices obtenus (1727).

IX

La tentative du contrôleur général Machault, caressant le rêve de l'extinction de la Dette publique, procédait du moins d'une conception supérieure.

Son plan avait pour base la création d'un

fonds d'amortissement, puisé dans un impôt du vingtième sur tous les revenus sans exception (ordonnance de mai 1749).

En attendant le recouvrement de ce capital annuel évalué à 20 millions, il était pourvu aux premiers besoins par l'émission de 1.800.000 livres de rentes, remboursables en douze ans et affranchies de la taxe du vingtième.

On avait essayé déjà d'universaliser l'impôt; mais il est aisé de concevoir à quelles résistances devait se heurter l'exécution de ce projet égalitaire. Le clergé, suivant sa tactique habituelle, parvint à éluder, par des « dons gratuits », la soumission au droit commun qu'on prétendait lui imposer. L'armée puissante des privilégiés se ligua contre le réformateur qui, après cinq ans d'une lutte opiniâtre, se vit contraint de céder le contrôle à M. de Séchelles et de passer à la marine.

La caisse d'amortissement était une excellente institution, mais à la condition de fonctionner régulièrement.

Or, l'action en fut entravée, dès le début, par les facilités accordées aux possesseurs des plus gros revenus pour se rédimer de l'impôt du vingtième au moyen d'un « abonnement », c'est-à-dire de la substitution d'une somme fixe à une redevance proportionnelle, incertaine.

Il n'y a donc pas lieu de s'étonner de trouver le gouvernement, en 1763, aux prises avec des difficultés croissantes.

La Dette constituée était de 93.508.000 livres en rentes perpétuelles, représentant un capital de 2.157.000.000.

A cette charge principale s'ajoutaient, pour un chiffre énorme, la dette flottante, les rentes viagères et les tontines. On avait même, suivant l'usage, escompté l'avenir jusqu'à concurrence de 80 millions.

Les remèdes variaient aussi peu que la situation.

Tout en affectant un premier vingtième (30 millions) à la dotation du fonds spécial créé par M. de Machault, on obligeait le Parlement, dans un lit de justice tenu le

31 mai, à enregistrer des édits prescrivant une réduction forcée de toutes les rentes autres que celles de l'Hôtel de ville.

Laverdy réfléchit qu'au lieu de briser ainsi violemment l'opposition des magistrats, il serait plus habile de les gagner par des dispositions exceptionnelles en leur faveur.

Cette intention est manifeste dans l'Edit de décembre 1764, qui avait pour objet de consolider l'arriéré exigible et de garantir d'une manière plus efficace « l'entière extinction des dettes de l'Etat ». Il établissait deux caisses séparées : l'une destinée au paiement des arrérages, l'autre servant à réunir les fonds nécessaires pour le remboursement des capitaux ; et dans le but d'activer cet amortissement, il frappait d'une retenue du dixième tous les effets au porteur, les revenus des rentiers, les bénéfices des fermiers, des trésoriers, etc., gages, émoluments, « excepté ceux des officiers de justice et de police ».

Après s'être mis prudemment à l'abri

de toute critique en faisant défense «de rien
écrire, imprimer ni publier concernant la
réforme de l'Administration des finances»,
le ministre, par un autre Edit, abaissait de 5
à 4 o/o l'intérêt légal entre particuliers, afin
de créer un avantage au profit des placements en rentes.

Tant de déclarations, de stratagèmes,
d'obstacles entassés contre l'envahissement
de la Dette, n'eurent d'autre résultat que
de la grossir de 215 millions en cinq ans.

Loin d'amortir, on continuait à emprunter,
à anticiper. M. Maynon d'Invau, successeur
de M. de Laverdy, ne fit point autre chose.
Après avoir prorogé le second vingtième,
anéanti les promesses faites par l'Edit de
décembre 1764, il se retira dignement, sur
le rejet d'un plan qu'il avait proposé au
Conseil : il s'agissait d'une loterie de 100
millions dont les souscriptions s'effectueraient moitié en espèces, moitié en effets
royaux, et dont les lots seraient délivrés
en rentes viagères.

Au moment où l'abbé Terray entre en

scène (1769), on ne songeait plus guère à se
montrer difficile sur les moyens. Or,
Terray ne considère qu'une chose, le but:
pour l'atteindre, tous les moyens sont
bons.

La tâche qui se dressait devant le Contrôleur général eût effrayé un homme d'Etat
moins résolu.

Les revenus, inférieurs de 64 millions
environ à la dépense, étaient en outre con-
sommés d'avance pour quatorze mois. En
présence d'un peuple surchargé, de traitants
inabordables, d'un Parlement hostile, une
seule ressource était ouverte : la réduction
des dettes, et la banqueroute intermittente
déguisée sous cet euphémisme gouverne-
mental, n'avait rien qui répugnât au hardi
financier.

Il se met donc à l'œuvre et réduit.

Il réduit d'abord à l'inaction pour huit
ans la caisse d'amortissement et en ap-
plique les fonds aux anticipations;

Il réduit les souscripteurs des tontines à
l'état de simples rentiers viagers;

Il réduit les pensions, les profits des fermiers;

Il réduit à un taux dérisoire (2 1/2 0/0) les intérêts d'un grand nombre de valeurs provenant déjà de consolidations opérées à 5 0/0;

Il réduit à la plus dure condition les porteurs de billets, de rescriptions, etc., représentant 200 millions d'avances faites au Trésor, par l'ajournement illimité du remboursement de ces prêts.

Puis il arrive à consolider ces deux dernières sortes de créances, en les admettant, pour moitié chacune, dans les versements d'un emprunt de 160 millions à 4 0/0, réalisé en rentes sur l'Hôtel de ville, comme étant les plus recherchées.

A un autre emprunt volontaire de 25 millions sur les receveurs généraux, il mêle l'emprunt forcé sous toutes les formes :

En prélevant 28 millions sur les gages de certains officiers royaux ;

En s'emparant de tous les dépôts d'argent constitués en vertu de jugements, et en

substituant à ce numéraire des effets dépréciés;

En extorquant 16 millions à la Compagnie des Indes, obligée de charger l'Etat
du service de ses actions à 5 o/o.

Les contribuables, à tous les degrés, sont
en même temps pressurés avec un extrême
cruauté.

Mais Terray ne s'émeut point, comme le
vieux cardinal Fleury, des cris d'indignation qui s'élèvent de la foule des spoliés;
il est assez récompensé par les félicitations
de la cour, qui applaudit à l'indomptable
énergie de l'habile opérateur, étalant sous
les yeux du roi les résultats de son entreprise :

Réduction de la dépense de 36 millions;

Augmentation de la recette de 17 millions
environ;

Dix millions d'économies, tout au plus,
achèveraient de combler le gouffre naguère
si menaçant.

Quant au Parlement, dont on s'étonne de
ne pas voir éclater les foudres au milieu de

cette violation flagrante de la foi publique, le Contrôleur général l'avait aussi presque réduit à la neutralité, en procédant le plus souvent non par édits, mais par arrêts du Conseil.

Les membres de la sévère Compagnie se montraient, d'ailleurs, assez peu touchés de bouleversements qui répandaient partout, il est vrai, la ruine et un désespoir profond manifesté par de nombreux suicides, mais qui n'atteignaient ni leurs terres, ni leurs bonnes rentes de l'Hôtel de ville. En s'effaçant ainsi pour un intérêt personnel, le Parlement laisse croire que, dans sa guerre séculaire contre les abus du pouvoir, il avait soutenu moins une lutte de principes qu'une lutte d'influence et de domination.

X

A la mort de Louis XV, la situation des finances se décomposait ainsi :

Dépense . . . . 235 millions
Revenu 213   »   1/2

Le découvert était donc de   21 millions 1/2

Et cette insuffisance de ressources était acccrue par la nécessité de faire face à un arriéré considérable, à une dette exigible que l'âpre et brutale fiscalité de Terray n'avait pas empêché de s'élever rapidement à 235 millions.

L'avénement de Louis XVI, comme tous les commencements de règne, fut marqué par les plus louables efforts pour arriver à un équilibre toujours poursuivi, jamais obtenu.

Si quelqu'un pouvait faire espérer la réalisation de ce rêve, c'était Turgot, qui, chargé depuis treize ans de l'intendance de Limoges, en avait fait le modèle d'un Etat prospère par une sage et féconde administration. Son programme annonçait une rupture complète avec les errements du passé : « point de banqueroute, point d'augmentation d'impôts, point d'emprunts;

— réduction de la dépense au-dessous de la recette. »

Ce plan financier était basé sur un ensemble de réformes déduites des principes de philosophie sociale et économique proclamés par les écrivains du XVIIIe siècle : émancipation du travail, liberté du commerce, abolition des corporations, des droits féodaux et des douanes intérieures.

Au fond, les théories de Turgot, empreintes des idées de l'école des physiocrates qui attribuaient à la terre seule la production de la richesse, tendaient au remplacement de tous les impôts par une contribution foncière, assise d'après les évaluations d'un cadastre général préalablement dressé à cet effet.

En attendant que les circonstances se prêtassent à l'exécution de ses projets, Turgot se préoccupait du remboursement de la Dette. Il supprime, comme un rouage inutile dans sa combinaison, la Caisse d'amortissement dont l'exercice avait été déjà suspendu par Terray (1775) ; puis, profitant

de l'abaissement du prix de l'argent provoqué par la reprise des transactions, il
entame avec la Hollande des négociations
pour un emprunt de 60 millions à 4 0/0
destiné à réduire les créances auxquelles
était affecté un intérêt de 5 0/0 et plus.
Mais on ne laissa pas au Contrôleur général
le temps d'accomplir son entreprise : ni les
améliorations pratiquées, ni celles que pro-
mettaient un cœur droit et un esprit élevé,
ne pouvaient faire pardonner des mesures
telles que la suppression de la corvée et
des maîtrises et jurandes.

En envoyant le philosophe méditer sur le
danger d'avoir trop tôt raison, le roi lui
donna pour successeur Clugny, intendant de
Bordeaux. Celui-ci vécut cinq mois à peine,
et cette courte période lui suffit pour détruire en partie le bien qu'avait fait Turgot.
La défiance qu'il inspirait l'empêchant de
conclure l'arrangement traité en Hollande,
il mit en avant un projet de loterie royale et
disparut au milieu d'un désordre sans nom,
d'où ressortait un découvert de 34 millions.

Necker, appelé à résoudre ces graves difficultés, adopta deux moyens employés avec un égal discernement :

L'économie, obtenue par l'élimination de plus de six cents fonctionnaires parasites et par la réduction des profits de trésoriers, receveurs et fermiers généraux;

Les emprunts, favorisés par la régularité du service des intérêts et par la publicité du Compte-Rendu, initiant pour la première fois le pays à la situation du Trésor.

On peut lui reprocher cependant d'avoir admis, dans la composition de l'un de ses emprunts remboursable en partie par voie de tirage au sort, le système des rentes viagères, spéculation indigne d'un gouvernement soucieux de la moralité de ses opérations.

Quant au fameux Compte-Rendu, ce fut moins une inspiration de sincérité budgétaire qu'un coup de théâtre destiné à agir sur l'opinion au moment où Necker, recueillant en un an (1780) 21 millions avec l'assistance des pays d'Etats, obligé même d'anticiper de 155 millions, sentait le crédit lui échapper.

L'effet d'un pareil acte était infaillible à une époque où les affaires publiques se traitaient dans les ténèbres, où le mystère financier était érigé en dogme, avec d'autant plus de raison que le tableau exact, « au vrai », de toutes les opérations de chaque exercice, n'étant dressé qu'à trois ou quatre ans d'intervalle, les ministres eux-mêmes ne pouvaient connaître, dans le cours d'une gestion, l'état réel des finances.

Aussi voit-on les versements des prêteurs recommencer instantanément et atteindre sans peine le chiffre de 236 millions.

Mais si cet exposé aussi incomplet qu'ingénieux, accusant un petit excédant de recettes de 18 millions, valut à l'auteur une immense popularité, il déchaîna en même temps contre lui une ligue d'enne-mis acharnés, nourris des abus qu'il voulait détruire et il dut, comme Turgot, céder la place aux complaisants de la cour.

Ce rôle de courtisan, que ne sut pas remplir Joly de Fleury, magistrat, étranger aux questions économiques, et qui répugnait à l'honnête d'Ormesson, fut joué par M. de Calonne avec une assurance pleine d'audace.

Il en fallait, en effet, pour affronter la situation qui se déroulait devant lui.

De 1781 à 1783, les successeurs de Necker avaient augmenté de 345 millions le capital de la Dette consolidée qui s'élevait à 2 milliards 617 millions.

La Dette exigible était de 646 millions.

Pour faire face à une dépense totale de 550 millions, il n'y avait qu'un revenu de 505 millions.

C'était donc à une insuffisance de ressources d'une cinquantaine de millions qu'il s'agissait de pourvoir.

Et il restait en caisse « deux sacs de 1.200 écus » !

Calonne fit preuve d'une adresse remarquable dans la réalisation d'un premier emprunt de 100 millions de rentes viagères ; mais il se signala par un ensemble de manœuvres d'une tout autre portée.

A défaut de la juste confiance qu'avaient motivée les talents et le caractère de Necker, il s'attacha à faire naître un crédit factice, en traitant les finances comme si elles avaient été dans l'état le plus prospère.

En payant les dettes des princes, en achetant des châteaux pour le roi et la reine, en exécutant de grands travaux, en prodiguant les dons, les priviléges, les pensions, les largesses de toute sorte, il met le comble à la détresse du Trésor aux abois ; mais il attire les capitaux et séduit les prêteurs par des conditions de plus en plus avantageuses pour eux, onéreuses en proportion pour l'Etat ; il fait luire à leurs yeux le mirage de l'amortissement par la restauration de la Caisse sur de nouvelles bases (1784).

Une somme annuelle de 3 millions était affectée à l'amortissement de rentes per-

pétuelles, dont les arrérages, ainsi que
ceux des rentes viagères éteintes dans le
même intervalle, devaient accroître le
fonds primitif. En opérant avec le capital
ainsi formé, on arrivait, par le jeu continu
de l'intérêt composé, déjà pratiqué en
Angleterre, à réduire la Dette de plus de
1.260 millions et à s'affranchir du paiement
de 91 millions d'arrérages. Ce résultat devait être obtenu en vingt-cinq ans.

Habilement lancé sous l'influence de ces
illusions, un second emprunt de 125 millions, favorisant toujours les souscripteurs
au détriment du Trésor, fut encore accueilli
avec empressement. Mais un troisième de
80 millions, ouvert en décembre 1785,
ayant soulevé des objections de la part du
Parlement, Calonne secoua cette tutelle
gênante et réussit à se procurer 123 millions en négociant sous le couvert de la
ville de Paris, des Etats de Languedoc et
de la Flandre maritime.

Enfin, lorsqu'il fallut compter avec la
réalité, on le vit se faire l'apôtre aussi élo-

quent que déconsidéré des doctrines
accablées jusque-là de ses dédains, exposer aux notables un projet où le roi stupé-
fait avait retrouvé « du Necker, du Necker tout pur », et confesser un déficit de
100 millions, évalué ensuite à 140, bien
qu'il ne fût en réalité que de 97 à 98.

Calonne, fervent adepte de l'amortissement, avait à peu près doublé le découvert, auquel il convenait d'ajouter une
douzaine de millions pour les dépenses
éventuelles.

On trouve, dans les *Mémoires* de Mar-
montel, ce résumé expressif du passage
de Clugny au Contrôle général : « Quatre
mois de pillage dont le roi seul ne savait
rien. »

Il serait permis de caractériser en termes
aussi durs les trois ans de gaspillage de
M. de Calonne, qui ne furent qu'une trop
longue comédie financière jouée au bénéfice de la cour.

Or, l'heure du dénouement avait sonné.
Malgré les grâces insinuantes de son

débit, le brillant acteur ne réussit pas à enlever les suffrages des notables, qui lui infligèrent un humiliant échec.

L'Assemblée fut dissoute, et les membres indignés s'en allèrent répandre au loin, parmi leurs commettants, les graves pressentiments qui agitaient déjà les esprits.

XI

Longtemps avant de jouer aux dépens du pays sa comédie financière, M. de Calonne avait dirigé une comédie judiciaire des plus odieuses contre La Chalotais, le célèbre procureur général breton, persécuteur des jésuites. C'était par crainte des justes ressentiments du Parlement qu'il avait fait réunir les notables pour leur proposer son plan d'impôts sur le timbre et sur la propriété foncière.

Loménie de Brienne, archevêque de

Toulouse, n'ayant point les mêmes anté-
cédents, se borna à reproduire devant le
Parlement le projet de son prédécesseur.
Mais il se trouva un magistrat, M. Duval
d'Espréménil, qui repoussa avec énergie
toute immixtion de la justice dans les
questions d'impôts, en attribuant à la nation seule, représentée par les Etats-Géné-
raux, le droit d'établir les charges publiques et d'en déterminer l'équitable
répartition.

Ces vérités éclatantes, fondées sur des
principes de droit naturel énoncés, dès
1357, par Etienne Marcel, aux Etats de
Paris, proclamées aux Etats de Tours, en
1484, par Philippe Pot, député de la Bourgogne, ne devaient être définitivement con-
sacrées qu'après une dernière lutte de
l'absolutisme au déclin.

Dans ce débat, M. d'Espréménil et ses
collègues n'étaient pas tant les champions
d'une réforme nécessaire, que les adversaires alarmés de la subvention territoriale.
Ils se firent une popularité de la réproba-

tion qui pesait sur l'impôt du timbre et en profitèrent pour repousser le principal objet de leurs préoccupations.

On ne saurait nier, toutefois, l'influence considérable exercée par l'esprit de corps qui cimentait l'union des Parlements. Mais sans méconnaître la part indirecte, inconsciente qu'ils ont prise au renversement de l'ancien régime, on peut affirmer que les aspirations démocratiques, dont ils se faisaient l'écho, couraient risque d'être refoulées pendant bien des années encore, si elles n'eussent rencontré dans les États-Généraux, convoqués à leur instigation, des interprètes plus convaincus.

DEUXIÈME PARTIE

L'ŒUVRE

DE CAMBON

DEUXIÈME PARTIE

L'ŒUVRE

DE CAMBON

I

La Royauté considérait l'appel aux États-Généraux comme une mesure dangereuse, à laquelle il convenait de n'avoir recours qu'à la dernière extrémité. Elle sentait que cette voie de salut la conduisait fatalement à sa perte, c'est-à-dire au gouvernement de la nation par elle-même.

En 1788, le pouvoir montre toujours autant de répugnance et d'hésitation.

La convocation n'était d'abord fixée qu'à une époque reculée : on l'annonçait pour 1792 !

En attendant, il fallait se créer des moyens d'existence, chose difficile pour un ministre tel que l'archevêque Loménie de Brienne.

Il négocie d'abord avec le Parlement, qu'il avait fait exiler à Troyes, une nouvelle prorogation du fameux vingtième établi par Machault, et la rigide compagnie paie de cette concession sa rentrée triomphale à Paris. Mais le recouvrement d'un impôt lent à percevoir ne remédiait pas aux embarras présents.

Brienne, pour se procurer des fonds, imagine une série d'emprunts montant à 420 millions, qui s'effectueraient graduellement jusqu'à la réunion de l'Assemblée.

Après avoir tenté d'obtenir, dans une séance royale subrepticement transformée en lit de justice, l'enregistrement de l'édit contenant son projet, et fait emprisonner les magistrats récalcitrants, il sollicite du dévouement du clergé l'offrande ou l'avance d'une somme de 1.800.000 fr. Mais il ne trouve point dans sa famille ecclésiastique l'appui sur lequel il avait compté, et ne recueille là encore que des récriminations.

Tant de refus et de remontrances trahissaient un besoin universel de contrôle, de sincérité, d'indépendance. Or, le nom de Necker, resté populaire, résumait à lui seul ces tendances libérales.

Le ministre, désireux de s'assurer une collaboration précieuse, offre le contrôle général à l'auteur du *Compte-Rendu*, dont la dignité se révolte à la pensée de participer, en qualité de subordonné, à des opérations comme celles qui soulevaient en ce moment même la conscience publique.

Non content de dépouiller la caisse des Invalides, de détourner le produit d'une souscription consacrée à une œuvre de bienfaisance, Brienne venait, en effet, de provoquer un arrêt du conseil (16 août), décidant que le Trésor paierait avec ses propres billets une certaine partie des dépenses qu'il avait à solder jusqu'à la fin de l'année.

Devant la persistance des bruits de banqueroute, l'avide et insuffisant archevêque est forcé de se retirer ; mais il est élevé à la dignité de cardinal, pourvu de l'archevêché de Sens et de 800.000 fr. de bénéfice : les faveurs de la Cour s'étendent même à tous les proches du ministre détesté que le peuple brûle en effigie sur le Pont-Neuf.

Necker, désigné par le vœu général, reprend sa place à la tête des finances. Le renvoi et le rappel de Necker marqueront alternativement le degré de la résistance opposée au courant d'idées qui emporte le pays tout entier.

II

Réunis à Versailles le 5 mai 1789, les États-Généraux se transforment, le 17 juin, en *Assemblée nationale*.

Les députés du Tiers, qui se proclament ainsi corps constituant à la face du groupe dissident des privilégiés, se donnent hautement une double mission :

« Régénération nationale. »

» Restauration du crédit sur des bases solides. »

En attendant qu'ils formulent la déclaration des *Droits* de l'Homme et du Citoyen, ils affirment les *Devoirs* de l'État envers ses créanciers, qui sont « placés sous la garde de l'honneur et de la loyauté française. »

D'après les termes de cette motion, on sent que la cause déterminante du mouvement d'opinion, qui pousse avec une force invincible à la fondation d'une société nouvelle, a été la révélation de la situation financière. A ce point de vue, le Tiers-État pouvait s'appliquer non moins justement la définition de Sieyès :

Qu'est-ce que le Tiers-État ? — Un contribuable.

Que paie-t-il ? — Tout.

Que lui offre-t-on ? — Rien.

Que demande-t-il ? — A payer sa part proportionnelle.

Une telle prétention n'avait assurément rien d'exorbitant. La noblesse et le clergé se montrent enfin disposés à y souscrire ; mais les faits ne tardent pas à démentir cette adhésion apparente inspirée par le roi lui-même.

La Cour avait formé le complot de réunir à Compiègne la minorité fidèle, de lui faire voter sommairement les impôts et les emprunts nécessaires et de prononcer la dissolution des États-Généraux.

Quant aux députés réformateurs, ils seraient reconduits de force dans leurs provinces ou même au-delà de la frontière.

Cette précaution avait déjà été prise à l'égard de Necker, qui avait été discrètement renvoyé en Suisse (11 juillet).

Au milieu de l'agitation produite par cette nouvelle à Paris où l'on promène dans les rues le buste du ministre disgracié, l'Assemblée siége en permanence et renouvelle ses déclarations solennelles sur l'inviolabilité de la Dette publique, sur l'engagement d'en payer les intérêts ; — elle repousse avec énergie toute éventualité de manquement à la foi jurée, et refuse à un pouvoir quelconque jusqu'au « droit de prononcer l'infâme mot de banqueroute. » (13 juillet.)

Le lendemain, la Bastille était en feu et Louis XVI, édifié sur la portée de l'événement qui n'était point une « révolte », mais une « révolution », sentait renaître tous ses bons sentiments pour Necker, et lui adressait une lettre pleine d'effusion :

« J'ai été trompé sur votre compte, on » a fait violence à mon caractère. Me voilà » enfin éclairé. Venez, venez, monsieur, » sans délai... »

Il était bon, pour inaugurer le nouveau régime, de réagir contre les procédés arbitraires de l'ancien ; il était beau de proclamer le respect scrupuleux des contrats souscrits par l'État : toute la difficulté consistait à en assurer l'exécution.

L'enthousiasme produit par les sacrifices

spontanés accomplis dans la nuit du 4 août, se traduisit bien en un versement de quelques millions de dons patriotiques ; mais c'était peu pour soulager la misère du peuple et acquitter les arrérages de la Dette publique qui s'élevait à 161.466.000 francs.

Necker échoua dans la première tentative qu'il fit pour se procurer des ressources. Bien qu'arrêtée par certains scrupules tirés des défenses expresses contenues dans ses cahiers relativement aux emprunts, l'Assemblée vota celui de 30 millions à 4 1/2 0/0 que lui proposait le ministre (7 août). Plusieurs membres offrirent même leur fortune personnelle en garantie : l'opération fournit à peine le quinzième du capital demandé.

Dès le 27 du même mois, Necker renouvelait auprès de la représentation nationale le tableau de la misère qui menaçait à la fois dans leur existence l'administration et les individus. Il obtint ainsi le vote d'un emprunt de 80 millions sur lequel on s'ef-

força d'attirer la faveur du public en faci-
litant la réalisation des prêts, qui pouvaient
être versés moitié en espèces, moitié en
effets, et en le déclarant, comme les autres
parties de la Dette, à l'abri de toute retenue
ou réduction.

L'insuccès de la combinaison ayant révélé
la paralysie absolue du crédit, il fallut recourir à l'impôt.

Un projet tendant au prélèvement d'un
quart sur le revenu de chacun, pour un an
seulement, fournit à Mirabeau l'occasion
d'un discours qui força les suffrages de
l'Assemblée, en agitant devant elle le spec-
tre de la ruine honteuse : « La banqueroute, la hideuse banqueroute est là ; elle
menace de consumer vous, vos propriétés,
votre honneur, et vous délibérez ! »

Le plan du ministre fut accepté « de confiance. »

L'horreur profonde de la banqueroute et
la nécessité impérieuse d'imposer le revenu
s'excluaient dans une certaine mesure : la
Constituante s'attacha à les concilier avec

une louable persévérance et une grande
solidité de principes.

On pouvait considérer comme le mar-
tyrologe des rentiers, la nomenclature des
expédients financiers employés pendant les
deux derniers siècles de l'ancienne monarchie.

Cependant, sur les cinq à six millions
d'électeurs qui, dans les bailliages, prirent
part à la rédaction des cahiers, il s'en
trouva un grand nombre dont les revendi-
cations s'étendirent jusqu'aux malheureux
créanciers de l'État. Les députés, investis
d'un mandat précis, se croyaient tenus d'en
soutenir toutes les clauses à la tribune.

On se représentait, au loin, les porteurs
de contrats comme jouissant paisiblement
d'un revenu privilégié, et l'on demandait
qu'ils fussent ramenés à la condition des
propriétaires de biens-fonds, avec réduction
au taux légal des rentes concédées à un
intérêt exorbitant.

C'était élever à la hauteur d'un principe
l'inconsistance des engagements de l'État,

qui devenait, comme au temps de Colbert, arbitre dans sa propre cause et se faisait juge de la moralité de ses obligations antérieures.

Aussi l'Assemblée ne répondait que par le dédain aux propositions de cette nature, en leur refusant l'honneur d'une prise en considération.

Certes, il y avait du mérite et de la grandeur à sacrifier avec une fermeté inébranlable aux exigences du Crédit public, alors qu'il semblait anéanti pour toujours.

Pour tenir une parole si fièrement donnée, on n'avait qu'un moyen suprême, plein de périls, adopté l'année précédente.

Réalisant le plan conçu sous Charles IX et reproduit par Talleyrand, l'Assemblée s'était chargée de pourvoir aux frais du culte et avait ressaisi, au nom de l'État, les biens dont le clergé n'était « qu'administrateur, » suivant l'évêque d'Autun (loi du 2 novembre 1789). Sur la masse de plusieurs milliards que représentaient ces biens, un premier lot de 400 millions avait été acquis par les municipalités chargées d'en effectuer graduellement la vente, et le prix en avait été soldé en bons payables à leurs propres caisses (19 décembre).

Ces « assignations » se changèrent bientôt en papier d'État formant, au gré du porteur, soit une valeur territoriale, soit une monnaie ayant cours forcé.

Ainsi était né l'*Assignat*, qui joue un rôle important dans la période révolutionnaire.

Le souvenir des méfaits de « la planche aux assignats » est toujours vivant. On a même assimilé l'emploi de cette valeur aux fraudes qui signalèrent l'administration des finances sous les rois les plus mal famés de notre histoire.

« Il serait peut-être difficile — dit M. de Wailly, que nous avons déjà cité — de décider si le régime des assignats fut plus désastreux pour la France que les pratiques déplorables du roi Jean en matière de monnaies. Le mal fut alors si grand qu'il est impossible d'en mesurer l'étendue et d'en calculer toutes les conséquences (1). »

Pour se livrer à une appréciation exacte, il convient de ne pas perdre de vue les circonstances terribles qui entraînèrent l'inévitable abus de ce papier gagé « émis avec tant de nécessité et de prudence, qui permit à la Révolution l'accomplissement de si grandes choses (2). »

Impuissant à empêcher cette mesure, attaqué déjà par les clubs, Necker avait perdu confiance et donné sa démission. De sa fortune, montant à 4 millions, il avait fait deux parts égales: l'une qu'il laissait en dépôt au Trésor, l'autre qu'il emportait dans sa retraite de Coppet, en Suisse.

Il eut pour successeur Lambert, personnalité bien effacée en regard de si graves résolutions à prendre.

Aucune rentrée régulière ne mettait le gouvernement à même de faire face à une Dette exigible d'environ 2 milliards.

(1). *Mémoire sur les variations de la livre tournois* (t. XXI, 2ᵉ partie des Mémoires de l'Académie des inscriptions et belles-lettres).

(2). Mignet, *Histoire de la Révolution française.*

Mirabeau en fait décréter le remboursement immédiat, afin de rassurer les esprits assiégés par la crainte d'une banqueroute qui paraissait imminente.

Une nouvelle émission de huit cents millions d'assignats « applicables au paiement des domaines nationaux et destinés à être brûlés à mesure de leur rentrée au Trésor, » permet d'arriver à l'extinction de ce passif énorme.

III

En abolissant toute redevance entachée de privilége, en se chargeant des dettes des corporations et de l'indemnité allouée aux titulaires d'offices supprimés, la Révolution avait compliqué les embarras financiers légués par la Monarchie.

Les affectations du « domaine royal » avaient successivement envahi toutes les branches du revenu, alimenté, comme aujourd'hui, par deux sources d'impôt : les contributions directes ou *Impositions*, les contributions indirectes, appelées *Droits*(1).

Les impositions comprenaient :

La *Taille*, impôt annuel et payable par à-comptes, dont le versement se constatait au moyen d'une entaille faite sur deux morceaux de bois s'adaptant l'un à l'autre et partagés entre le collecteur et le contribuable.

La *Capitation*, levée par tête sur toute la population du royaume.

Les *Vingtièmes* et les *Dixièmes*, fixant la quotité à prélever sur le revenu de tous les sujets sans exception.

Les *Décimes du clergé*, subside variable consenti depuis 1561, après la colloque de Poissy.

Parmi les *Droits* ou contributions indirectes, nous citerons :

(1) Voir un très intéressant travail sur les impôts de l'ancien régime, publié par le *Bulletin de statistique et de législation comparée*. (Livraisons de juillet à novembre 1881). Cet article, dû à la plume de M. Clergier, ancien sous-Directeur au Ministère des Finances, a été réimprimé en brochure.

8

Les *Aides*, exprimant à l'origine l'idée d'une assistance prêtée soit en hommes, soit en argent, et s'appliquant ensuite uniquement aux boissons.

La *Gabelle*, qui désigne aussi d'abord une taxe atteignant divers produits, et qui finit par rester consacrée à l'impôt du sel.

Perçue dans le principe à titre d'indemnité pour frais d'approvisionnement, cette redevance ne tarda pas à revêtir un caractère odieusement fiscal.

Chaque famille fut obligée de prendre dans le grenier à sel une quantité fixée arbitrairement, sans lui laisser la faculté de revendre la portion excédant ses besoins.

Les habitants des côtes étaient tenus de verser dans ces greniers le quart du sel qu'ils se procuraient en faisant bouillir le sable humide du rivage. On appelait ces contrées pays de *quart bouillon*.

Parmi les révoltes, noyées dans le sang, que causèrent de telles vexations, on connaît les vastes soulèvements des « croquants » en Guyenne, et des « va-nu-pieds » en Normandie.

Qualifiée crime par divers édits de Louis XIV, la contrebande du sel motiva la création de tribunaux d'exception et par suite la vente de nombreux offices.

Malgré tant de rigueurs, sur les 38 millions que rapportait au fisc l'impôt de la Gabelle, 7 à peine entraient dans les coffres de l'État: le surplus était absorbé par des intermédiaires parasites.

Nous mentionnerons encore, comme entièrement assimilées aux droits d'Aides, les taxes municipales dites d'*Octroi*, parce qu'elles avaient été établies en vertu d'autorisations « octroyées » aux villes et communes de s'imposer elles-mêmes.

·Mazarin avait accaparé la totalité de ces ressources locales; Colbert s'était contenté d'en rattacher la moitié au domaine royal.

Vers le milieu du XVIᵉ siècle, on avait vu apparaître, sous le nom de *petun*, de *nicotiane* ou d'*herbe à la Reine*, une plante intro-

duite en France par Jean Nicot, ambassadeur en Portugal.

Offert d'abord au Grand-Prieur qui le
recommande pour ses vertus curatives à
Catherine de Médicis, ce végétal est bientôt détourné de sa première destination
et accueilli avec tant de faveur, que le fisc
s'en empare et le frappe d'un droit d'entrée par une déclaration du 17 novembre
1629.

C'est ainsi que le tabac, originaire de la
province de Tabasco (Mexique), prend
modestement place dans la nomenclature des
contributions indirectes, où figuraient en
outre certains produits industriels: les fers,
les toiles, les cuirs, les papiers.

En dehors de ces deux classes d'impôts
s'adressant directement ou indirectement
au contribuable, il y avait les ressources
provenant de l'Administration du Domaine
royal proprement dit.

Quarante-huit receveurs généraux des
finances centralisaient à Paris le montant
des *impositions*, passé des mains des « col-

lecteurs » (1) en celles des « receveurs des tailles » et versaient les fonds au Trésor royal appelé, par une sorte d'anti-phrase naïve, l'*Epargne*.

La perception des *Droits* ou contributions indirectes, au contraire, était cédée, par un marché appelé Ferme, à des traitants qui l'exploitaient sous le titre de fermiers généraux, en s'appropriant la plus large part des sommes recouvrées.

Les Postes faisaient l'objet d'un bail séparé.

(1) La fonction de collecteur était une charge annuelle dévolue successivement à chacun des habitants de la paroisse; elle causait souvent la ruine et l'emprisonnement des intermédiaires ainsi obligés, sous leur responsabilité, d'effectuer le recouvrement des contributions.

Cette mission très-pénible semble cependant avoir été recherchée dans certaines provinces :

« La qualité de collecteur est fort briguée en raison des » avantages indirects qu'elle procure, et, dans les grandes » communautés, cette fonction ne sort pas des mains des » coqs de paroisse, qui s'entendent pour se donner tour à » tour leurs suffrages.

» Ils seraient rigoureusement punis si, outre les 6 deniers » alloués pour leurs frais, ils faisaient payer une somme plus » forte aux contribuables. » (Lettre de M. de Saint-Contest, intendant à Limoges — 2 août 1687).

Lorsque le roi avait recours à un emprunt, il aliénait une portion des revenus que nous venons d'énumérer, afin d'assurer le paiement des rentes constituées au profit de ses prêteurs.

La marche suivie pour ces opérations avait été réglée, comme on sait, par l'Édit du 10 octobre 1522, portant création de 16.666 livres 13 sous 4 deniers de rente, payables à la caisse du receveur de la ville de Paris, au moyen d'un prélèvement « sur la ferme du pied fourché, » c'est-à-dire sur le droit perçu à l'entrée d'une certaine sorte de bétail.

Le contrat délivré au prêteur, comme titre de sa créance dont il ne pouvait exiger le remboursement, contenait l'engagement de servir à perpétuité les arrérages de la rente représentative du capital fourni.

C'est ainsi que les aliénations d'impôts s'étaient peu à peu étendues à toutes les ressources du pays.

Il y avait des rentes sur les Aides et Gabelles, sur les Tailles, sur les « Cinq grosses fermes (1) », sur les Domaines et Bois, sur la ferme des Postes, sur les Droits, sur les Cuirs, sur le fonds de la Caisse d'amortissement, sur les deux sols par livre du Dixième ;

Rentes sur l'Ordre de St-Louis, sur la Loterie royale et sur celle de la Compagnie des Indes ;

Rentes sur les corps, villes, bourgs et communautés d'habitants ou d'officiers, pour emprunts faits au nom de l'État ;

Rentes provenant des dettes du Canada, abandonné par Louis XV à l'Angleterre ;

Rentes sur « l'ancien clergé » qui, pour conjurer le danger d'une expropriation compensée par un traitement fixe, avait pris la prudente habitude de s'imposer spontanément des « dons gratuits » ou « charitatifs ».

---

(1) Dénomination consacrée dans l'histoire financière. Les fameuses *cinq grosses fermes* étaient : la douane de Lyon, la traite et imposition foraine de Champagne et de Picardie, l'entrée des épiceries, drogueries, etc., dans le royaume, et la traite domaniale de Champagne, Normandie, Bourgogne et Picardie.

La propriété d'une rente pouvait s'acquérir de plusieurs manières.

En effectuant au Trésor Royal, au moment de l'ouverture d'un Emprunt, un versement constaté d'abord par une reconnaissance du Caissier, puis par une « quittance de finance » sur laquelle un notaire dressait la minute du contrat de constitution.

Après avoir été revêtu de la signature du Prévôt des Marchands, cet acte était renvoyé au notaire qui le faisait signer à la partie et le conservait dans son étude. Il expédiait ensuite la grosse en parchemin timbré délivrée au rentier et enfin une autre copie ou « ampliation » sur papier timbré, qui devait être fournie au payeur et produite à la Chambre des Comptes.

Lorsque le rentier cédait ses droits à un tiers, celui-ci versait le capital au Trésor, qui remboursait le créancier primitif et remettait à l'acquéreur une quittance servant de base à une *Reconstitution,* consentie à son profit.

La dépossession pouvait aussi se réaliser au moyen d'un *Transport*, opération peu usitée, car elle devait, pour offrir toutes les garanties désirables, être validée par des « Lettres de ratification » que le cessionnaire sollicitait du grand Sceau. (1)

Classées par ordre alphabétique, les rentes étaient divisées en quarante parties, distribuées entre un nombre égal de payeurs.

Ces agents fonctionnaient à l'Hôtel de Ville « et non en leurs maisons » comme le leur interdisait une ordonnance de décembre 1672. Néanmoins, ils donnaient chez eux des renseignements sur les douze cent mille articles que contenaient leurs registres et avaient en permanence, à leur porte, une boîte dans laquelle chaque porteur de rentes placées dans leurs attributions respectives venait jeter sa quit-

(1) Cette formalité avait pour objet de lever les oppositions et de purger les hypothèques dont les rentes, considérées comme immeubles, pouvaient être grevées. Un édit de mars 1673 avait créé quatre greffiers conservateurs des hypothèques sur les rentes.

tance, quand l'arrivée du tour assigné à son initiale l'avertissait du paiement prochain du terme échu.

Au bout de huit à dix jours employés à l'examen de ces pièces de dépense, le payeur procédait, dans les bureaux, à l'appel nominal des signataires ; il leur comptait la somme due en présence du contrôleur chargé de certifier leur identité et la régularité des justifications déposées par les mandataires des habitants de la province.

Le rentier était soumis aux mêmes formalités autant de fois qu'il possédait de titres de séries différentes ; un manque d'attention ou d'assiduité pouvait avoir pour lui les conséquences les plus fâcheuses. Si *Daniel*, par exemple, répondait au nom de *Duvidal*, non présent, et touchait indûment le montant des quittances souscrites par ce dernier, l'absent lésé n'avait aucun recours à exercer contre le payeur, couvert par la consécration définitive qu'imprimait au paiement l'intervention

du contrôleur protégé lui-même, paraît-il,
par une sorte d'infaillibilité.

Ces deux offices faisaient donc courir peu
de risques aux titulaires et leur procuraient en revanche beaucoup de loisirs.

Parmi les communications intéressant les
rentiers, on trouvait fréquemment dans le
Journal de Paris, un avis comme celui-ci :

« MM. de Sainte-Marie et Hurel ont remis leurs prochains
» payements au lundi 5 janvier; — M. Vieillard au mercredi 7;
» et MM. Desplasses, Marsollier et de Broé, au mardi 13
» janvier, à cause de la fête des Rois ;
    » MM. de Courmont, etc., au jeudi 8, à cause de la fête de
» la Circoncision ;
    » M. Denis de Senneville, au samedi 10, à cause de la fête
» de sainte Geneviève. »

Ces mœurs patriarcales avaient résisté à
l'esprit novateur de 1789. Rien n'était changé dans le mécanisme compliqué du service de la *Dette Constituée*, qui s'élevait, en
1792, à 65.424.546 livres de rente annuelle.

D'autres rentes, destinées aussi à se fondre dans la Dette nationale, avaient été
émises dans plusieurs provinces qui, en
vertu de garanties stipulées au moment de
leur annexion à la France, avaient gardé

une certaine autonomie entraînant un mode particulier de participation aux contributions levées par le pouvoir central. Pour les distinguer des contrées soumises au droit commun ou pays d'*élection* — juridiction fiscale des *élus* connaissant en première instance des matières déférées en appel à la Cour des Aides, — ces provinces privilégiées étaient dites pays d'*États*, parce que des Assemblées y étaient convoquées périodiquement et invitées à voter des dons gratuits dont le chiffre était fixé par les commissaires royaux.

Afin d'assurer le débit des rentes créées par leur entremise, les pays d'États en affranchissaient parfois l'acquisition des entraves résultant des règles établies. Ils stipulaient la faculté de fixer le taux de l'intérêt, de laisser aux prêteurs le choix de la forme des contrats et des notaires chargés de les rédiger.

Des trésoriers particuliers étaient préposés, à Paris, au paiement des rentes de cette provenance. Il en était de même pour les rentes dites « nouvelles » du Clergé, pour celle du Domaine de la Ville et de l'Ordre du St-Esprit.

De ces obligations multiples, contractées à toutes les époques, dans des termes et à des conditions variant à l'infini, les unes rapportaient aux titulaires dix et vingt-cinq pour cent ; les autres, par suite de retenues exercées sur les intérêts : droit du dixième, du quinzième, de deux sols pour livre, etc., ne laissaient au créancier qu'un produit insignifiant. Aucun lien méthodique, aucun caractère distinctif entre les titres, qui permissent d'en constater l'origine et d'en opérer le classement à la seule inspection.

La longue nomenclature des contrats était un mystère qu'on ne pénétrait que par de patientes et minutieuses investigations.

La Révolution avait fait entrer dans la Dette constituée les dettes passives de toutes les compagnies de judicature, les rentes dues par les communautés religieuses et corps particuliers du clergé ; le

9

dettes des communautés d'arts et métiers, les dettes des villes et des communes, — ce qui en avait élevé le montant à 89.888.335 livres de rente au 1er janvier 1793.

A côté de cette Dette perpétuelle étaient venus se grouper divers éléments de crise et d'agiotage :

La *Dette exigible à terme fixe*, formée des emprunts remboursables contractés sous Louis XVI, tant en France qu'à l'étranger, principalement pour la guerre d'Amérique et représentée par des annuités, quittances de finance et effets au porteur;

La *Dette exigible provenant de la liquidation* et destinée à pourvoir au remboursement des offices de judicature, de finance, des Maîtrises et Jurandes, etc.;

Enfin, la *Dette résultant des diverses créations d'assignats* qui avaient dépassé cinq milliards.

La passion politique étendait la lutte jusqu'aux valeurs en circulation, opposées les unes aux autres par l'esprit de parti.

Pour satisfaire des créanciers impatients

et hostiles, rémunérer les fonctionnaires de tout ordre et faire face à des besoins pressants, à des échéances journalières, le gouvernement n'avait que la ressource d'un emprunt, — irréalisable au lendemain de l'établissement de la République, — ou celle d'une nouvelle émission d'assignats, — mesure dangereuse puisqu'elle aboutissait à deux résultats également désastreux : l'avilissement d'un papier frappé de dépréciation et la cherté des subsistances, déjà hors de prix pour le peuple.

Telle était la situation en 1793.

« On va voir ce que le génie de la nécessité inspira aux hommes qui s'étaient chargés du salut de la France. » (1).

Un de ces hommes était Cambon, député de l'Hérault. Fils d'un négociant aisé de Montpellier, il avait embrassé la carrière commerciale et s'était associé avec ses trois frères. Tous les membres de cette famille étaient connus et honorés pour leur dé-

(1) Thiers, *Histoire de la Révolution française.*

vouement à la cause de la Révolution.

Joseph Cambon, l'aîné, avait été l'un des trois représentants envoyés aux États-Généraux par la Sénéchaussée de Montpellier, à laquelle deux députés seulement furent attribués. Il ne siégea donc qu'à titre de suppléant.

En 1791, il crut faire acte de patriotisme en achetant, de concert avec ses frères, le domaine du Terral, compris dans la vente des biens nationaux. (2)

Une grande expérience des affaires et une probité rigoureuse, l'avaient désigné de nouveau aux suffrages de ses concitoyens comme représentant à la Législative.

C'était le type accompli de ces commer-

---

(2) L'acte constatant le paiement d'une somme de 131,000 fr. est du 2 janvier 1791 ;

On y voit figurer : Cambon (Joseph), député ; Pierre, négoc. à Montpellier ; Auguste, négoc. à Cholet ; Jean, négoc. à Bordeaux.

Cholet ayant été pris et saccagé par les Vendéens, Auguste revint à Montpellier.

çants que Mme de Bonneville accablait de
ses sarcasmes :

« Les marchands dans leurs boutiques
» raisonnoient des affaires de l'État et
» étoient infectés de l'amour du bien
» public, qu'ils estimoient plus que leur
» avantage particulier. »

Grâce à l'ascendant qu'il avait promptement conquis, Cambon avait obtenu que
l'examen de tous les comptes fût déféré à
l'Assemblée. Gardien vigilant des intérêts
de l'État, scandaleusement lésés par les
fournisseurs, commissaires, administra-
teurs, il poursuivait sans relâche les agents
infidèles, à quelque degré de l'échelle
qu'ils appartînssent. Malgré la solennité et
la prolixité de son débit, que viciait en
outre un accent méridional prononcé, il
s'imposait à l'attention des auditeurs par
les emportements de son honnêteté.

A la Convention, il avait vu grandir
encore son prestige. Danton lui-même s'in-
clinait devant l'autorité reconnue du
financier. Lors de la discussion du projet

de démonétisation des assignats à face royale, le tribun engageait ses collègues à décréter la mesure « parce que Cambon l'avait longuement méditée. »

Il suivait en effet avec une ardente sollicitude toutes les opérations concernant les assignats; elles s'effectuaient dans l'ancien couvent des capucines, situé en face de la place Vendôme, à l'extrémité de la rue de la Paix. Deux canons chargés à mitraille défendaient l'entrée du monument. Là se trouvait la vaste armoire de fer, à la serrure pleine de mystères, qui renfermait la Constitution, les minutes des Lois et les matrices des planches aux assignats.

Cambon avait adopté l'assignat avec une foi entière dans la puissance légitime, infinie, qu'il devait donner à la République.

La physionomie du conventionnel, dans le portrait de David, respire cette confiance absolue :

« Le redoutable personnage en qui fut l'âme de Colbert sous les formes de la Terreur, ne paraît nullement, comme Colbert dans ses portraits, sombre, affaissé et triste. Tout à l'envers du Ministre de Louis XIV, qui disait en mourant : « On ne peut plus aller, » le visage de Cambon semble porter un vigoureux entrain, un invincible *ça ira!* » (3).

La résolution pleine de franchise, l'inflexible pénétration du regard qui anime la tête chaudement colorée du député languedocien, expliquent l'effroi salutaire qu'il inspirait aux habiles soumis à son contrôle et la faveur dont il jouissait auprès de l'Assemblée.

Il avait cependant aussi ses détracteurs, qui prétendaient faire du mot *camboniser* le synonyme de désorganiser ; mais de tous les témoignages accumulés par son zèle infatigable, celui qui forme sa meilleure justification, est le célèbre Rapport du 15 août 1793, déposé au nom de la Commission de cinq membres, désignée

(3). Michelet, *hist. de la Rév.* T. IV. p. 105.

pour éclairer la Convention sur l'état des Finances.

Jamais la recherche du juste, du bien public n'éclata à un plus haut degré que dans ce vaste travail, qui trace, avec une remarquable clarté d'exposition, un plan mûrement conçu et appuyé sur des considérations saisissantes.

Après avoir fait ressortir la diversité des charges qui écrasent le pays et l'agitation antipatriotique entretenue par l'antagonisme de ses innombrables créanciers, Cambon réclame la nécessité de « républicaniser la Dette », de créer une valeur uniforme dont les propriétaires se trouveraient intéressés à la conservation de la République.

« Vous verrez le capitaliste, qui désire un roi parce qu'il a un roi pour débiteur, et qui craint de perdre sa créance si son débiteur n'est pas rétabli, désirer la République qui sera devenue sa débitrice, parce qu'il craindra de perdre son capital en la perdant. »

Afin d'atteindre ce but, il propose l'établissement d'un Livre qu'on appellerait *Grand-Livre de la Dette publique*, et où seraient inscrits tous les porteurs de contrats pour le montant annuel de l'obligation consentie par l'État.

Chaque ayant-droit devait y être crédité en un seul et même article des sommes de toute origine qui lui seraient afférentes, sans que le compte à ouvrir pût être inférieur à 50 livres : (1) lorsque la rente due n'atteindrait pas ce chiffre, le capital serait remboursé en assignats.

Cette règle ne serait pas applicable aux avances faites à Louis XVI par les étrangers à l'époque de la guerre d'Amérique : les paiements auraient lieu en numéraire et aux échéances stipulées.

La Nation aurait son compte particulier, au crédit duquel seraient portées toutes les extinctions opérées par rachat, par rem-

(1) Dans le principe, aucune constitution de rente n'était admise au-dessous de Cent Livres. Le minimum de 50 livres fut établi par un arrêt du Conseil du 25 janvier 1695.

boursement ou pour quelque cause que ce soit.

L'État se ferait acheteur de sa propre valeur lorsqu'elle serait en baisse : ce serait à la fois un moyen de libération et d'action sur le Crédit. Le bilan national, dressé avec tant de difficultés sur des matériaux péniblement amassés, s'obtiendrait donc désormais « par une simple addition du Grand-Livre. »

Ainsi se réalisait la fusion absolue des titres récents avec « les parchemins et les paperasses de l'ancien régime ; » Cambon pouvait défier « Monseigneur le despotisme » de reconnaître son ancienne Dette au milieu de ce tout homogène.

L'idée n'était point nouvelle, le rapporteur le reconnaissait ; elle avait déjà réussi en Angleterre. « Mais il fallait un grand courage d'exécution pour l'appliquer à la France, et il y avait un grand mérite d'à-propos à le faire dans le moment. (2). »

(2) Thiers. *Hist. de la Rév. française.*

Il était naturel, dès lors, que le succès et la rapidité de la réforme fussent garantis par une sanction pénale ; la perte des intérêts serait infligée aux créanciers qui n'auraient pas provoqué leur inscription avant le 1ᵉʳ janvier 1794 ; passé le 1ᵉʳ juillet suivant, ils seraient frappés de déchéance. En outre, les contrats déposés seraient détruits, et toute délivrance illicite de pièces, toute fraude tendant à faire revivre l'obligation sous sa forme primitive, seraient punies de dix ans de fers.

Le travail d'immatriculation terminé, on devait déposer le Grand-Livre aux Archives nationales et y constater les mutations une fois par an. Deux copies de ce document seraient faites en prévision des risques qu'il pourrait courir : l'une resterait aux Archives de la Trésorerie, pour qu'on y reportât chaque mois les changements survenus pendant cette période ; l'autre, confiée au payeur principal, servirait aux opérations journalières. Les événements n'ont que trop montré la sagesse de ces précautions, qui paraissaient empreintes d'exagération.

Ce projet passa tout entier dans la loi du 24 août 1793, qui institua le Grand-Livre où furent inscrites les 174.716.000 livres de rente 5 pour cent correspondant au capital de la Dette uniformisée.

IV

Les luttes ardentes qu'avaient soulevées, à la Constituante, les propositions ayant pour objet de modifier l'esprit et la lettre des engagements de l'État, ne se renouvelèrent point sur le rapport de Cambon. Le caractère élevé de l'œuvre et celui de l'auteur l'imposèrent à la Convention.

Il était impossible, d'ailleurs, de n'être pas frappé de l'immense progrès accompli par cette institution.

Condenser dans un cadre précis les éléments obscurs de la Dette, substituer une condition unique, légale, à des combinaisons arbitraires, en conciliant les intérêts du Trésor avec le respect dû aux contrats, voilà le bienfait immédiat de la réforme de Cambon ; mais elle marquait surtout l'ère du Crédit public.

En synthétisant dans la formule du *cinq pour cent* les notions confuses de l'époque concernant les placements en rentes, il faisait du Grand-Livre le rudiment de la science économique, il ouvrait la voie à l'emploi des deniers du peuple émancipé.

Le fatras barbare du formulaire des vieux contrats rédigés par les tabellions-gardes-notes tenait dans les quelques lignes d'une immatricule claire et concise. (1).

L'extrait d'inscription au Grand-Livre délivré au rentier était ainsi libellé :

« Je soussigné, Payeur principal de la » Dette publique, certifie que le citoyen...

(1) Cambon avait le culte de la précision et de la clarté. Dans la séance du 13 juillet 1793, il demandait des lois sur « l'instruction publique et un projet de *Code civil*; non pas « un fatras rédigé en style de procureur, mais un code simple et clair, comme l'acte constitutionnel. »

» (nom et prénoms) est inscrit sur le Grand-
» Livre de la Dette publique, pour une
» somme de...

  » Paris, le... de l'an... de la République
» une et indivisible. »

Toutes les opérations relatives aux rentes
se trouvaient également simplifiées.

Au lieu d'être soumis à des frais de
procuration ou de déplacement pour toucher ses arrérages à Paris, le titulaire
n'avait qu'à se présenter à sa municipalité
pour indiquer le chef-lieu de district où il
voulait être payé, et à transmettre sa déclaration aux commissaires de la Trésorerie.

Les paiements se faisaient à bureau ouvert,
sans souci de l'ordre alphabétique. « On
ne spéculerait plus sur les noms d'Aaron
ou d'Antoine ; le nom d'aucun saint n'était
plus privilégié. »

Des feuilles spéciales étaient adressées
aux payeurs de districts pour les semestres
non touchés ; mais le créancier ne jouissait
pas indéfiniment de cette facilité : au bout de
deux ans, il ne pouvait plus réclamer son

arriéré qu'à la Trésorerie nationale ; s'il laissait passer une période de cinq ans, il était frappé de déchéance.

La cession ou vente d'une inscription de rente s'effectuait sur la déclaration faite par le titulaire, devant un notaire ou un juge de paix, qu'il entendait que la personne dont il donnait la désignation fût inscrite en son lieu et place. Cet acte était remis au liquidateur de la Trésorerie, (1) qui délivrait le certificat nécessaire pour l'inscription du nouveau propriétaire.

Les opérations portaient des numéros d'ordre qui permettaient d'en suivre l'enchaînement et d'établir le sort et l'origine des inscriptions.

Le Grand-Livre formait un répertoire de la fortune mobilière, un cadastre offrant une base certaine à l'impôt. La rente était frappée, comme la propriété foncière, d'une contribution qui devait être fixée

---

(1) On avait loué, pour y installer le personnel chargé de la liquidation, la maison du ci-devant trésorier des États de Languedoc, située place des Piques (place Vendôme.)

chaque année par le Corps législatif. Elle
était toutefois exempte des « sous addi-
tionnels, parce que cette propriété n'éprouve
ni des améliorations, ni des augmenta-
tions comme les fonds territoriaux. »

C'était là une considération importante
qui militait en faveur d'une exonération
complète, car non-seulement les rentes
n'avaient rien à gagner par l'action du
temps, mais elles subissaient une diminution inévitable par le seul fait des variations
monétaires.

On a calculé qu'une rente de 100 livres
tournois sur le Trésor royal, constituée
du temps de saint Louis et ayant à cette
époque une valeur égale à 2.026 fr. 38 centimes, n'aurait plus représenté, sous Louis
XVI, en 1785, que 98 fr. 94 centimes.

Cambon savait quels principes avaient
prévalu, en cette matière, dans l'Assemblée
constituante. Il avait pesé les termes de la
distinction faite par Vernier et Barnave
entre la rente qui est inviolable et le rentier
qui est tenu de participer aux dépenses de

l'État dans la proportion de son revenu ; mais il ne s'accomodait point des subtilités de cette casuistique financière. Il s'appuyait sur des aphorismes irréprochables :

« Dans un gouvernement libre, qui a pour
» base l'égalité, toutes les fortunes doivent
» contribuer aux dépenses publiques ;

» Toutes les propriétés, étant garanties
» par la Société, doivent payer le prix de
» cette protection. »

La question, d'ailleurs, avait changé de face depuis 1789.

Il ne s'agissait plus, selon lui, d'enlever purement et simplement aux rentes l'immunité choquante dont elles jouissaient, mais de compenser les avantages que devait procurer aux titulaires la transformation de leurs créances :

Anticipation de trois ou quatre mois dans le paiement des arrérages, qui se ferait à bureau ouvert, tant à Paris que dans les districts ;

Suppression de formalités onéreuses et d'intermédiaires parasites : procurations, droits de visa, d'enregistrement, commissions aux « grippe-sols ; »

Possibilité d'appliquer son inscription de rente à l'acquisition de domaines nationaux.

Cambon, dominé par l'esprit de guerre au privilége, s'était donc attaché avant tout à être juste ; il espérait que la confiance et le crédit, dont il ne méconnaissait point les lois, viendraient récompenser la République des sacrifices qu'elle supportait pour acquitter les dettes du « despotisme. »

« Pour un État, la justice est le meilleur ordre possible ; et cette grande et énergique uniformisation convenait à une révolution hardie, complète, qui avait pour but de tout soumettre au droit commun. » (1)

Le chiffre de l'impôt ainsi justifié était fixé à un cinquième du montant des arrérages, qui devait être prélevé sur chaque paiement semestriel.

(1) Thiers, *Rév. franç.*

V

Après la liquidation de la Dette perpétuelle, celle de la Dette viagère amena la
création d'un Livre spécial (Loi du 23 floréal
an 11). Le montant de chaque inscription
était réglé d'après l'âge du titulaire, sans
qu'il pût dépasser 10.000 livres, maximum
augmenté de 500 livres par une loi du 8
messidor suivant.

En préparant cette dernière disposition
sanctionnée, comme toujours, par l'Assemblée, Cambon ne soupçonnait pas quels
orages elle devait soulever.

A côté de l'influence rationnelle du sens
pratique, de la science et de la conscience,
il y avait celle qui s'acquérait par les phrases
sonores, par la tortueuse stratégie des
clubs. Robespierre, personnifiant cette
dernière puissance, n'était pas disposé à
tolérer une action aussi considérable en

dehors du cercle où il exerçait sa propre domination. Son hostilité, plus ou moins déguisée, éclata dans la dramatique séance du 8 thermidor.

Robespierre, qui n'avait pas paru depuis quelque temps à la Convention, y faisait sa rentrée par la lecture d'un long discours contenant d'abord son apologie, puis une attaque violente contre toutes les opérations du gouvernement :

« Dans les mains de qui sont nos finances ? disait-il, entre les mains de feuillants, de FRIPONS connus, des Cambon, des Mallarmé, des Ramel, etc. »

— Avant d'être déshonoré, s'écrie Cambon, je parlerai à la France !...

Il se dresse fièrement devant son accusateur et, tout en justifiant ses actes, prend à son tour l'offensive.

« Robespierre vient de dire que le dernier décret sur les finances avait été calculé de manière à augmenter le nombre des mécontents. Il serait peut-être facile de le faire convenir qu'il n'a rien fait pour connaître ces calculs ; mais je me contenterai de repousser une attaque dont ma conduite connue depuis le commencement de la Révolution aurait dû peut-être me garantir.

» Je ne viendrai point armé d'écrits politiques ; la vérité est une : je répondrai par des faits.

» Le dernier décret sur le viager respecte les rentes depuis 1.500 liv. jusqu'à 10.500 liv., relativement aux âges ; il ne prive donc point du revenu nécessaire à tout âge ; nous nous sommes bornés à réformer les abus.

» Je sais que les agioteurs ont intérêt à attaquer cette opération. Il est prouvé par un tableau que je mettrai sous les yeux de l'Assemblée, que l'agiotage y est intéressé pour 22 millions de rentes, et c'est lui seul que nous avons voulu attaquer.

» Il n'est donc pas étonnant qu'il ait cherché un appui pour éviter la réforme : les agioteurs pourront même fournir des matériaux pour faire des discours ; mais, ferme à mon poste, j'aurai toujours le

courage de dénoncer tout ce qui me pa-
raîtra contraire à l'intérêt national...

»....Etranger à toutes les factions, je les
ai dénoncées tour à tour lorsqu'elles ont
tenté d'attaquer la fortune publique. Aussi
tous les partis m'ont-ils trouvé sur la route,
opposant à leur ambition la barrière de la
surveillance ; et en dernier lieu on n'a rien
négligé pour chercher à connaître jusqu'où
pourrait aller ma fermeté et l'ébranler. J'ai
méprisé toutes les attaques ; j'ai tout rap-
porté à la Convention. Il est temps de dire
la vérité tout entière : un seul homme
paralysait la volonté de la Convention
nationale ; cet homme est celui qui vient
de faire le discours, c'est Robespierre :
ainsi jugez. (On applaudit.)

— ROBESPIERRE. Je demande la permis-
sion de répondre un seul mot à cette
inculpation qui me paraît aussi inintelli-
gible qu'extraordinaire : S'il est quelque
chose qui ne soit pas en mon pouvoir,
c'est de paralyser la Convention, et surtout
en fait de finance. Jamais je ne me suis

mêlé de cette partie ; mais par des considérations générales sur les principes, j'ai
cru apercevoir que les idées de Cambon,
en finance, ne sont pas aussi favorables au
succès de la Révolution qu'il le pense.
Voilà mon opinion, j'ai osé la dire, je ne
crois pas que ce soit un crime.

» Cambon dit que son décret a été attaqué
par les agioteurs ; cela peut être vrai : je
ne sais pas quel parti ils pourraient en tirer,
je ne m'en occupe pas. Mais, sans attaquer
les intentions de Cambon, je persiste à
dire que tel est le résultat de son décret,
qu'il désole les citoyens pauvres. »

— CAMBON. Cela est faux. Nous avons
déjà reçu 65.000 titres, et on a payé, en un
mois et demi, 25 millions de rente.

Les rôles, on le voit, sont changés :
l'agresseur se dérobe, tandis que son
adversaire devient plus pressant.

Le Nord et le Midi étaient aux prises,
dans ce duel engagé entre la froide assurance de l'incorruptible avocat d'Arras et
l'impétueuse sincérité de l'intègre marchand

de Montpellier. Cambon envisageait sans faiblesse l'inévitable conséquence de la rencontre.

Sur le numéro du *Moniteur* qu'il envoya, comme chaque jour, à son père, le soir du 8 thermidor, il écrivit : « demain, de Robespierre ou de moi, l'un des deux sera mort. » (1)

Restée assez longtemps douteuse le lendemain, cette sinistre alternative se résolut en sa faveur. Vingt-deux têtes tombèrent le 10 thermidor : la dernière était celle de Robespierre.

En donnant l'exemple de la résistance à l'arbitraire, Cambon avait cru pousser à l'établissement d'un régime de légalité ; il contribua à déchaîner une réaction qui s'acharna bientôt contre lui.

Dès le 13 germinal, il est signalé comme l'un « des quatre coquins en qui respire le parti soudoyé » ; Tallien et deux autres demandent son arrestation.

(1) M. Duval-Jouve, *Montpellier pendant la Révolution,* T. II p. 188.

La proposition n'a pas de suite.

Le lendemain, Bourdon de l'Oise lui inflige une humiliation enveloppée dans des paroles doucereuses :

« Il est dans les finances, il ne faut pas nous le dissimuler, une certaine magie qui les fait réussir ou perdre.. Notre collègue Cambon.... (Bourdon est interrompu par les plus vifs applaudissements) notre collègue Cambon, à la probité duquel je me plais à croire, (on rit) a perdu la confiance publique. (Les membres de l'Assemblée et les citoyens des tribunes applaudissent à plusieurs reprises en criant : *oui, oui*) !

» A la veille de présenter un système général sur les finances, un collègue qui a perdu la confiance publique (nouveaux applaudissements) ne doit plus être à leur tête. Je le crois d'une probité sévère, mais l'opinion publique le voit à regret ; et à la veille d'un projet de finances, quand la paix la plus glorieuse va se conclure, il faut tout faire pour s'assurer la confiance. Je demande que notre collègue Cambon fasse un acte de générosité en donnant de lui-même sa démission. »

Cambon refuse avec dignité de donner cette satisfaction à ses adversaires.

« Aujourd'hui, dit-il, une attaque m'est faite, elle va retentir dans toute l'Europe.

» Dans les finances, il y a cinq parties différentes ; je n'ai jamais été que dans une et je vous ai fait assez de rapports pour que vous puissiez me connaître.

» Si mon exclusion du Comité est nécessaire, voilà le mois qui va expirer et vous nommerez à ma place. Mais pour moi, je ne sais pas quitter mon poste ; je sais seulement me soumettre au vœu de la majorité. Si la Convention veut examiner ma conduite, je suis prêt à la lui soumettre. »

Sur l'insistance de Bourdon de l'Oise, la Convention décrète que Cambon n'est plus membre du Comité des finances.

Ainsi Bourdon, terroriste, habile à régler ses actes sur l'opinion dominante, outrageait l'ennemi déclaré de Robespierre ; Bourdon, agioteur effréné, qui faisait dans

le trafic des assignats une fortune scanda-
leuse, décernait un brevet d'honnêteté à
l'austère fondateur du Grand-Livre, en le
chassant d'un Comité dont il avait été la
lumière et l'honneur.

Et le *Moniteur* constate que cette mesure
est accueillie par les applaudissements de
l'Assemblée et des tribunes.

Pour faire comprendre ce qu'une telle
proclamation d'indignité avait de cruelle-
ment injuste, il convient de montrer, par
des exemples puisés dans des témoignages
contemporains, comment Cambon remplis-
sait les fonctions dont on le dépouillait
ignominieusement.

Après avoir soumis la Belgique, Dumou-
riez, en vue de se créer des ressources pour
ses projets ultérieurs, avait eu l'audace de
négocier pour cent millions de traites sur
Paris. La Trésorerie nationale refusa de les
payer et les laissa protester, en prouvant
par ses écritures qu'elle avait fourni au
payeur de l'Armée plus du double des
sommes nécessaires au service courant;

qu'en conséquence, les valeurs présentées
à l'encaissement provenaient d'opérations
particulières et absolument illégales.

« Néanmoins, dit le duc de Gaëte (1),
» alors simple Gaudin et commis des
» finances, la crainte de déplaire à un
» général victorieux était telle, que nous
» aurions infailliblement succombé dans
» cette lutte, si nous n'avions pas été sou-
» tenus avec un courage et une loyauté
» rares par le représentant du peuple
» Cambon, président du Comité des Fi-
» nances. Je lui ai dû personnellement dix
». fois la vie, et il préserva par sa fermeté
» la Trésorerie tout entière, continuelle-
» ment attaquée au Club tout-puissant des
» Jacobins. »

Les membres du Comité des Finances,
arbitres souverains en cette matière,
n'avaient qu'une connaissance très impar-
faite des rouages administratifs de la Trésorerie, dont les divers services n'occupaient pas moins de 600 employés, et cette

(1) *Mémoires sur la Révolution*, T. I, p. 16.

inexpérience entraînait parfois des méprises dont les conséquences pouvaient être désastreuses.

C'est ainsi qu'en voulant frapper les auteurs des malversations, on confondit dans la même accusation les soixante *Fermiers généraux* et les *Receveurs généraux* des Finances.

Le décret de mise en jugement était rendu et, par ce temps de procédure sommaire, la sentence ne devait pas longtemps se faire attendre.

Gaudin raconte encore comment, grâce à l'influence de Cambon, il parvint à conjurer un irréparable malheur :

« En me rendant le soir à la Trésorerie, j'avais entendu crier ce décret. Je connaissais personnellement tous les Receveurs généraux, parce que, avant la Révolution, les Recettes générales étaient passées dans mes attributions.

» Effrayé de ce que je venais d'entendre, je me rendis de suite au Comité des Finances. Je demandai au président

comment il arrivait que les Fermiers généraux et les Receveurs généraux se trouvas-
sent l'objet d'une même mesure, lorsque
leurs fonctions n'avaient jamais eu rien de
commun. »

— Rien de commun ? Eh ! que veux-tu
dire ?

— Je vais te l'expliquer :

« Les Fermiers généraux prenaient *à
bail* la perception de certains droits, dont
ils devaient rendre une somme déterminée ; le surplus leur appartenait.

» Les Receveurs généraux, au contraire,
étaient seulement chargés de percevoir les
contributions directes, comme vos receveurs de district les perçoivent aujour-
d'hui, moyennant une remise ou taxe
fixée par la loi.

» Nous parlions au milieu d'une réunion
nombreuse et bruyante. Le président agite
sa sonnette pour obtenir du silence et fait
part à l'Assemblée de ce que je venais de
lui apprendre. On se récrie, on veut que
je sois dans l'erreur. J'insiste ; je répète ce

que j'avais dit au président, j'en atteste la
vérité sur l'honneur, et j'offre d'en rapporter la preuve. Enfin, on reste convaincu,
et le président dit à l'un des membres :
« Puisqu'il en est ainsi, va au bureau des
» procès-verbaux et efface le nom des
» Receveurs généraux du décret rendu ce
» matin. »

C'était ce ferme champion du Droit,
toujours prêt à accomplir un acte de
justice, qu'on frappait d'un vote de flé-
trissure. (1)

(1). Au dehors, la réaction traduisait en couplets les igno-
minies dirigées contre Cambon :

Hélas ! que le monde est méchant,
Dans ce siècle de calomnie!
On nomme et voleur et brigand
Cambon, l'ami de la patrie.
C'est de la France le soutien ;
Il est exempt de tout reproche :
Mais, parce qu'il veut notre bien,
On dit qu'il le met dans sa poche.

D'homme de sang on a traité
Ce républicain débonnaire,
Cet ami de l'humanité,
De nos trésors dépositaire.
Les faits parlent pour lui ; je crois
Qu'il est exempt de tels reproches ;

On ne devait pas s'en tenir à de simples manifestations.

Deux jours après, il était décrété d'arrestation avec huit autres députés.

Dans les premiers jours de prairial, divers soulèvements marqués par l'invasion des Tuileries où siégeait la Convention, par le meurtre du représentant Féraud, amenèrent de sanglantes représailles et l'anéantissement du parti patriote qui « abattu pour toujours, dit M. Thiers, ne figure plus que pour essuyer des vengeances. »

Elles ne pouvaient épargner Cambon. Les dénonciateurs se succèdent à la tribune.

Déjà, le 29 germinal, Rovère avait dévoilé un vaste plan de pillage qui, à un signal convenu, devait s'exécuter sous les ordres de Cambon assisté de deux complices, et un décret avait enjoint aux conspirateurs

---

Comment tuerait-il, dites-moi,
Quand il a les mains dans nos poches ?
Mémorial, ou Journal historique de la Révolution, par P. J. Lecomte.

de se constituer prisonniers dans les vingt-quatre heures.

Le 2 prairial, c'était la mise hors la loi qu'André Dumont réclamait contre « M. Cambon », nommé maire de Paris, suivant la déclaration de Girard, par les deux ou trois mille hommes rassemblés à la Commune et composant « la faction anti républicaine, anticonstitutionnelle. »

On se borna à rendre contre lui un décret d'accusation entraînant une sentence non douteuse, à laquelle il réussit à échapper en déjouant toutes les tentatives faites pour s'emparer de sa personne.

L'amnistie du 4 brumaire an IV lui permit de rentrer à Montpellier.

VI

Le rentier n'aurait pu légitimement se plaindre de contribuer aux charges communes, si on lui eût assuré un revenu régulier ; mais que d'incertitudes et de mécomptes, dans son existence profondément troublée !

. Au deuxième semestre de 1788, il avait vu les payeurs clore à la lettre F l'appel des noms portés sur leurs registres, sans expliquer, cette fois, par le chômage d'aucun saint, une suspension illimitée.

Lorsqu'on l'avait fait revenir depuis, c'était pour lui donner des assignats au pair, représentant le sixième de leur quotité nominale au moment où les échéances allaient être grevées d'un impôt.

Ce n'étaient pas les sympathies qui manquaient au rentier. La sollicitude de la Convention se répandait en mesures incessantes, fatalement condamnées à rester sans effet.

Cambon, le premier, demandait la réduction de la retenue qu'il avait fait établir : un dixième, au lieu d'un cinquième des arrérages, suffirait pour donner satisfaction au principe.

. Puis on se décidait à en prescrire le paiement intégral d'après une échelle destinée à indemniser les parties de la perte que leur ferait subir un règlement de compte en assignats au pair. On n'acquitterait, sur ce pied, que les sommes dépassant 900 livres. Une créance de ce dernier chiffre donnait droit à 5.400 livres assignats. — A 100 livres, correspondaient 1.000 livres assignats.

Une livre de pain se payait alors 50 livres en papier et six sous en espèces.

Tombés à ce degré d'avilissement, les assignats font place aux *mandats territoriaux*, reposant sur le même gage que la précédente monnaie dont ils ne diffèrent pas sensiblement.

Les malheureux possesseurs d'inscriptions de rente soupiraient donc toujours après une valeur plus substancielle, que le Directoire fait enfin briller à leurs yeux.

En thermidor an IV, le mot « numéraire.» est prononcé. On annonce, pour la prochaine échéance, un à-compte palpable d'un quart en espèces métalliques, qui serait expressément prélevé sur le montant des contributions.

Mais ces bonnes intentions sont encore paralysées par le manque de ressources, et les rentiers ne touchent qu'une portion infinitésimale de la somme promise.

Force est en conséquence de revenir au papier, pour suppléer à l'absence de l'introuvable métal.

On voit alors apparaître des récépissés au porteur, au moyen desquels le Trésor se libère envers ses créanciers, tant du quart payable en numéraire que des trois quarts différés (loi du 2 ventôse an V).

La nouvelle valeur tire de sa destination spéciale les noms de *bons du quart* et de *bons des trois-quarts* ; elle est réalisable en domaines nationaux de deux catégories différentes : l'une dont le prix doit être acquitté en espèces ou en obligations, — l'autre pouvant se compenser avec des créances sur l'État.

Cette création, accueillie avec aussi peu de faveur que celle des mandats, n'apporte aucune aide aux rentiers ; presque tous laissent passer les échéances de l'an V sans se présenter pour réclamer un paiement illusoire.

VII

« Le despotisme, disait Cambon, nous a laissé des dettes et point d'argent : la Révolution nous a procuré des biens-fonds ; nous nous empressons de les offrir en paiement, malgré les dépenses que nous sommes obligés de faire. »

Accélérer la vente des domaines natio-naux et faire rentrer au Trésor la masse d'assignats en circulation, tel était le but des dispositions prises pour assurer l'exé-cution de son plan financier.

A ce double résultat, en effet, étaient subordonnés la réduction du prix des den-rées dont la cherté était devenue intolé-rable, — la réapparition du numéraire dans

les transactions, — l'avénement du crédit
public, préparé par le fondateur du Grand-
Livre. Mais les événements avaient entravé
cette vigoureuse initiative.

Les besoins extraordinaires d'une guerre
étrangère, compliquée d'une formidable
guerre civile, avaient éparpillé et absorbé
sur tous les points les ressources du pays.

La défiance entretenue parmi les acquéreurs de biens nationaux arrêtait le versement de douze à quinze cents millions
formant le produit des ventes réalisées, et
détournait de l'achat d'une propriété sur
laquelle était suspendu un danger d'évic-
tion.

Au milieu de ce conflit armé de toutes les
passions, de tous les intérêts, il était difficile de régler, d'après des conditions déterminées, le mouvement d'émission et
de rentrée des assignats. Les prévisions les
plus justes, les combinaisons les mieux
conçues se trouvaient forcément déjouées.

Placé dans l'impossibilité d'obtenir et de
concentrer les fonds nécessaires pour le

paiement de la Dette, le Trésor avait épuisé toutes les formes du papier-monnaie.

Les échéances s'accumulaient dans des proportions qui laissaient peu d'espoir d'un acquittement régulier.

Les rentiers n'avaient plus aucun secours à attendre des pouvoirs publics, travaillés par des divisions qui les rendaient absolument impuissants.

La crise financière n'était pas un des moindres moyens employés par la réaction, dans les conseils des Cinq-Cents et des Anciens, pour miner l'autorité du Directoire, qu'elle rêvait d'ensevelir sous les ruines d'une banqueroute éclatante.

Le 18 fructidor enleva au parti royaliste toute chance d'être le liquidateur ou le bénéficiaire d'une situation qu'il avait aggravée à dessein.

Débarrassé des conspirateurs, armé à nouveau contre ses ennemis d'un pouvoir révolutionnaire, le gouvernement sentit la nécessité de mettre fin à un état de choses qui le déconsidérait au dedans comme au dehors. Il dressa lui-même ses comptes sans dissimulation ni réticence.

Grâce au produit de nouveaux impôts accrus des profits d'une loterie autorisée, les ressources avaient pu être portées, pour l'an VI, de 464 millions à 616; mais sur cette somme, les arrérages de la Dette exigeraient déjà 258 millions Il était impossible de faire pleinement face à cette dépense, tout en assurant les autres services auxquels 530 millions devaient être affectés.

En mettant en balance le

Doit. . . . .   788 millions
Et l'*Avoir*.   616
La Société Directoriale   ———
        constatait un déficit de   172 millions.

Elle se trouvait, suivant l'expression de M. Thiers, « dans la situation d'un particulier en faillite », et considérait comme un devoir de déposer le bilan national devant l'Assemblée de ses créanciers, représentés par les mandataires du pays.

Ainsi avait fait la puissante Compagnie des Indes. Seulement, comme l'État ne pou-

vait cesser complétement ses opérations,
il était indispensable de lui fournir les
moyens de les continuer.

En conséquence, afin de rétablir l'équilibre, on éliminerait les deux tiers de la
Dette, soit 172 millions, correspondant
exactement à l'excédant de dépenses
signalé, et on les rembourserait « en Bons
au porteur admissibles en paiement des
domaines nationaux ;

« L'autre tiers serait payé sans retenue, à
commencer du second semestre de l'an V ;

» Le remboursement serait fait au denier
20 pour la Dette perpétuelle et au denier
10 pour la Dette viagère ;

» Jusqu'à la paix, les biens nationaux
continueraient à être vendus d'après les lois
existantes ; mais à cette époque, les Bons
représentatifs de la Dette seraient seuls
admis en paiement de ces biens ;

» Si, la vente consommée, il restait
encore de ces Bons en circulation, ils
seraient admissibles en paiement des biens
à vendre à Saint-Dominique. »

C'était un rôle humiliant pour le Directoire, vainqueur de la faction monarchiste, que ce retour aux procédés de l'ancien régime. Déjà, avant le 18 fructidor, l'opposition exploitait contre l'intègre et habile ministre Ramel, la nécessité qui l'obligeait à recourir aux pratiques des contrôleurs généraux: anticipations, application à des besoins urgents de fonds ayant une autre destination, etc.,

Aussi le projet de loi, qui consacrait l'abandon des principes solennellement proclamés par la Constituante, fut-il l'objet de vives attaques dans les deux Conseils, fort assouplis cependant par l'audace imprévue du pouvoir exécutif.

Au Conseil des Cinq-Cents, le projet de remboursement fut déposé par Villers, au nom de la commission des finances, dans la séance du 24 fructidor an V.

La discussion, commencée le lendemain, ne se termina que le 29, par l'adoption de la mesure proposée.

Crétet, nommé rapporteur au Conseil des

Anciens, se livra à un examen approfondi
du projet qui soulevait quatre questions
(1) :

— En droit, un État est-il fondé à réduire
sa Dette dans la proportion rigoureuse de
ce qu'il peut payer ?

— Cette nécessité s'impose-t-elle à la
République française ?

— Dans quels délais convient-il de procéder ?

— Par quels moyens ?

En attendant les objections qui devaient
se produire au sein de l'Assemblée, la
Commission avait cru devoir répondre à un
contradicteur absent, le citoyen Saint-
Aubin, auteur d'une brochure où se trouvaient développés divers arguments tirés
de deux ordres d'idées : l'intérêt du gouvernement, — celui des créanciers.

Au premier point de vue, c'était un sur-
croît de charge pour le Trésor, qui paierait
un tiers des arrérages au lieu du quart déjà

(1). *Moniteur*, — Conseil des Anciens, — séance du 8
vendémiaire an VI.

trop lourd, et perdrait toute espérance de relever le crédit.

On seconderait les menées de la réaction, qui poussait à la ruine des rentiers dans le but d'en faire des ennemis de la République.

La Dette, en somme, ne dépassait pas de :0 millions celle de l'ancien régime, et l'on n'avait plus de privilégiés, plus de cour, de courtisans, ni de fermiers avides à pourvoir.

Démoralisation du peuple par la diffusion de l'agiotage, — dépréciation des biens nationaux, tel serait le résultat de l'émission de trois milliards de Bons en papier.

— Le remboursement ne serait pas moins préjudiciable aux rentiers: il réduirait à un chiffre insignifiant les inscriptions d'un grand nombre d'entre eux et détruirait les combinaisons de ceux qui ont cherché un revenu plus élevé dans un placement viager.

Les faibles parties de rente seraient représentées par des Bons insuffisants pour servir à l'achat de biens nationaux, et les acquisitions collectives se feraient au détriment des petits rentiers.

Pour tous, l'opération doit se résumer en une perte de capital.

— La Commission s'est prononcée en faveur du projet par les considérations suivantes :

Pas plus qu'un particulier, l'État n'est tenu à l'impossible : donner au-delà de ce qu'il possède.

Les droits des créanciers sont limités aux ressources propres du gouvernement, qui n'est pas fondé, pour se libérer, à puiser dans la bourse des contribuables.

D'ailleurs, l'abolition des anciens impôts est l'essence même de la Révolution.

On est donc forcément amené à réduire la Dette ; et il y a urgence à le faire, aussi bien pour le gouvernement frappé d'insolvabilité, que pour les rentiers exposés à voir disparaître le gage important qui leur est offert.

Quant à la quotité de cette réduction, elle est calculée d'après la dépense que le Trésor peut rigoureusemet supporter.

L'opération lésera certains rentiers, tandis qu'elle laissera à d'autres un bénéfice sur un achat fait à vil prix ; mais en procédant par catégories, on atteindrait la valeur vénale de la rente.

Malgré l'éloquence des chiffres dont ce rapport est appuyé, la résolution ne paraît pas suffisamment justifiée à plusieurs membres du conseil qui la combattent énergiquement.

Rousseau y voit une injustice, une faute, une illégalité. Elle dépouille et mécontente les rentiers, déjà payés en bons, et les lance à la recherche de biens inconnus qui ne leur fourniront jamais une indemnité satisfaisante, contrairement aux prescriptions de la Constitution.

Delzons parle dans le même sens et fait ressortir l'inanité du gage donné aux petits rentiers.

Dedelai'd'Agier voudrait qu'on arrivât à la réduction reconnue nécessaire par l'application des titres de rente à l'achat des biens nationaux, combiné avec un amortissement annuel de 91 millions.

Mais grâce à l'appui de Vernier, inspiré par des motifs de nécessité publique ; — de Clauzel, qui revendique pour l'État le droit que possède tout débiteur de se délibérer envers ses créanciers en leur abandonnant ses biens — de Régnier, qui fait valoir, outre cette considération, l'urgence d'une mesure propre à combler un déficit menaçant pour l'existence de la République, — la résolution est adoptée.

VIII

En se reportant à ces débats, qui remontent à quatre-vingt-cinq ans, on est surpris de voir remettre en question la fidélité aux contrats, devenue depuis lors la loi suprême de nos gouvernements, et méconnaître ainsi le principe vital du crédit public, patrimoine commun des citoyens, créanciers ou non de l'État, qui doivent contribuer à le maintenir intact au prix des plus lourds sacrifices.

Loin d'affermir la République en l'allégeant d'une charge accablante, la loi du 9 vendémiaire an VI donnait une arme contre elle à ses ennemis. Ces pratiques d'une autre époque marquaient un affaiblissement des fermes croyances qui avaient si noblement inauguré la Révolution et préparaient les esprits à l'avénement de la dictature.

Deux dispositions de cette loi étaient destinées à en atténuer la rigueur.

Le tiers conservé était affranchi de toute retenue présente ou future (art. 98).

Les produits entiers des droits perçus par la Régie d'enregistrement étaient spécialement et exclusivement affectés au paiement des arrérages (art. 111).

En vertu de la loi du 9 vendémiaire an VI, on soumit à un travail de remaniement le Grand-Livre ouvert, quatre ans auparavant, pour la liquidation générale, à laquelle avait présidé Cambon.

L'opération consistait à retrancher de chaque créance intégrale, liquidée ou à liquider, deux tiers qui étaient capitalisés à raison de vingt fois le revenu et remboursés en *Bons* au porteur.

Les biens nationaux étaient le gage unique de toutes les valeurs de circulation émises par la République, qui avait intérêt à en provoquer l'acquisition, tant pour se libérer que pour s'épargner des frais considérables de garde et d'entretien. C'était dans cette pensée sans doute qu'on avait créé de nouveaux impôts « pour soulager la propriété foncière trop chargée », tandis qu'on écrasait les possesseurs de rentes.

L'affectation du produit des Contributions au paiement des arrérages du tiers étant demeurée sans effet, la loi du 28 Vendémiaire an VII donne à cette garantie un caractère plus précis en y attachant des *Délégations*, qui perdent entre les mains

12

des porteurs un quart de la valeur attribuée à ce mandat au moment de l'émission.

On n'apportait par là aucune amélioration au sort des rentiers, qui se résignaient
avec peine à consommer l'échange de
leurs anciens titres contre les nouveaux.
Aussi les *Bons des Deux Tiers* n'étaient-
ils reçus dans les transactions que pour le
sixième de leur taux nominal.

A défaut donc d'un placement en terres
ou en immeubles — difficile à réaliser, —
les rentiers étaient victimes d'une véritable
banqueroute.

Cependant la spéculation s'agitait encore
au milieu de ces ruines. Bravant les prescriptions du décret du 27 juin 1793, elle
était redescendue dans la rue et avait siégé
à deux pas de la Bourse close, sur le perron qui conduit du Palais-Royal à la rue
Vivienne. Les rapides fluctuations du cours
des assignats, par rapport à l'argent, formèrent d'abord la base de son trafic. Elle
retrouva, en 1795, un asile régulier, mais

peu durable, au palais du Louvre, et reprit enfin ses séances dans l'église des Petits-Pères, au commencement de l'année 1796.

C'était un étrange marché que cette Bourse, où une inscription de rente de 5 livres, dont les arrérages s'acquittaient en assignats, était officiellement cotée à 460 et jusqu'à 600 livres de la même monnaie, équivalant à un franc cinquante centimes en espèces métalliques (1).

Aussi éprouva-t-on le besoin de donner un caractère plus sérieux aux opérations, en adoptant exclusivement le numéraire pour la fixation des prix.

Si dur qu'il soit, le sacrifice implique une solution : il fait naître d'autres calculs, autorise certaines espérances. C'est ce qui explique la faveur qui s'attacha d'abord au TIERS CONSOLIDÉ.

L'ancien fonds supprimé avait clôturé à 7 francs le 7 janvier 1798 : le nouveau fait son entrée à 17 fr. à la Bourse du 10. Les

(1) *Tableau du cours des principales valeurs.* — Introduction, par M. Alphonse Courtois.

inscriptions du Grand-Livre mobilé se co-
tent avec une hausse de 10 fr. sur celles du
Grand-Livre intégral. Trois jours après,
elles se négocient à 25 fr.

Mais les temps étaient trop troublés pour
que le mouvement ascensionnel fût de
longue durée.

En neuf ans, la France avait vécu des
siècles : elle traversait une période d'affais-
sement, de décadence. L'armée, domptant
l'Europe coalisée, soutenait seule l'honneur
de la République, compromis par les mœurs
faciles du Directoire. La fièvre du patriotisme semblait avoir épuisé toute l'énergie
de la population que ne dirigeait plus un
gouvernement sans unité, — où trônait la
corruption, — où dominait trop souvent
l'esprit d'intrigue et de coterie. S'il se ma-
nifestait encore par quelque acte de vigueur,
c'était par une mesure odieuse telle que la
loi des otages.

Les affaires languissaient comme ce pouvoir flottant que, du fond de l'Orient,
guettait l'homme de Brumaire.

La spéculation salue le triomphe de la Force, qui lui promet un avenir.

La rente, qui était retombée à 7 francs un mois avant le coup d'État, se relevait à 11 francs la veille et reprenait bientôt le cours de 20 francs.

Payer les arrérages d'une manière effective était toujours une préoccupation qui se traduisait par de nombreuses dispositions, impuissantes à réaliser le versement des sommes déléguées entre les mains des porteurs de Bons représentatifs de la créance sur l'État.

On imagine alors de recourir à l'entremise de la Banque de France, tant pour le recouvrement d'une masse d'obligations souscrites par les Receveurs généraux, que pour l'emploi des sommes ainsi perçues au paiement des rentes et des pensions.

Cette combinaison, réalisée par l'arrêté du 23 thermidor an VIII, qui substitue le Numéraire aux formes multiples de l'Assignat, ne reçut pas d'abord l'accueil qu'on avait espéré. La satisfaction de toucher

enfin des espèces était troublée par le procédé du Trésor, qui rejetait le poids de sa
Dette sur un établissement particulier,
récemment créé à l'état de simple asso-
ciation. (1)

IX

Aucune matière n'a été plus réglementée
que les opérations de la Bourse de Paris.

A partir du 24 septembre 1724, date de
l'arrêt du Conseil qui lui a donné une existence légale, des prescriptions de toute nature viennent sans cesse réprimer l'agiotage,
assurer la bonne tenue des séances et la
régularité des transactions.

On n'y trouve pas encore d'article mentionnant expressément les rentes sur l'État
parmi les « effets publics » dont la négociation est autorisée.

Mais l'inscription du Grand-Livre se

(1) La Banque ne reçut son organisation définitive que
trois ans plus tard, par la loi du 24 germinal an XI.

relève du discrédit dans lequel elle était tombée et prend une importance motivée par les priviléges attachés successivement à la possession de cette valeur :

Elle est à jamais garantie contre une retenue exercée pour quelque cause que ce soit ;

Elle a été déclarée insaisissable par la loi du 8 nivôse an VI, confirmée par celle du 22 floréal an VII, qui écarte d'une manière absolue toute opposition de la part des tiers et affranchit le paiement des arrérages, toujours acquittés en *Bons de délégation*, de toute constatation d'identité, en ordonnant qu'il sera fait « au porteur du titre, sur son acquit. »

En même temps, des règles précises sont tracées pour les transferts et mutations, pour la transmission entre-vifs ou testamentaire de la propriété des rentes (loi du 28 floréal an VII).

Il fallut, pour calmer l'esprit inquiet du rentier, toute l'exactitude apportée par la Banque dans l'accomplissement du mandat qui lui avait été confié, moyennant une commission de 1/2 0/0. Elle continua ce service pendant plusieurs semestres, à partir du 2ᵉ terme de l'an VIII.

Le décret du 30 ventôse an IX vint ensuite fournir au Trésor le moyen de solder l'arriéré des années antérieures, par l'émission de 2.700.000 fr. de rente destinés à être répartis entre les créanciers. Cette liquidation, effectuée sur le pied de 3 0/0, entraîna de sérieuses difficultés, car elle produisit en grand nombre des quotités inférieures à 50 francs, minimum inscriptible.

Afin de donner satisfaction aux intérêts ainsi laissés en suspens, on institua plus tard un registre spécial sur lequel furent portées ces fractions de rente.

Les titulaires reçurent des extraits individuels du Relevé général provisoirement établi (1), avec faculté de se faire ouvrir

_____

(1) Décision impériale du 21 frimaire an XIII. L'abaissement du minimum inscriptible à 10 fr. (loi du 7 août 1822), puis à 5 fr. (loi du 7 juillet 1848) permit de convertir toutes

un compte au Grand-Livre, lorsqu'ils auraient pu former la somme de 50 fr., par la réunion de plusieurs de ces « promesses » partielles d'inscription, négociées sur le marché comme les rentes mêmes.

En outre, dans le but de faire disparaître une cause de défaveur, de défiance, entretenue par le souvenir d'une origine malheureuse, la dénomination de *Tiers* est remplacée par celle de *cinq pour cent consolidés*.

La loi du 21 floréal an X, qui accomplit cette modification, affecte le produit des contributions au paiement du fonds dont il s'agit. La somme à prélever pour cet objet « forme le premier article du *Budget* de l'État ». Signalons l'emploi nouveau de ce terme anglais (2) dans notre législation financière.

les anciennes promesses en inscriptions de rente. — Cette forme transitoire de titres a été de nouveau adoptée pour la conversion des obligations de l'emprunt Mexicain, réglée par la loi du 2 août 1868. Nous la verrons reparaître lors de la conversion du 5 o/o opérée en exécution de la loi du 27 avril 1883.

Le progrès ainsi réalisé imprime un mouvement plus actif aux négociations, qui sont officiellement centralisées à la Bourse, où des intermédiaires légaux « facilitent, proposent, consomment, garantissent l'exécution du contrat. » (Motifs de la loi du 28 ventôse an IX).

Ces intermédiaires sont les agents de change dont l'honorable corps, sans cesse remanié par des créations, suppressions et rétablissements d'offices, présente des conditions suffisantes de capacité, de moralité (1) et de solvabilité.

L'intervention de ces agents, appelés à

(2) Dérivé de notre vieux mot *bougette*, corruption du bas latin *pulga*, valise, et désignant le sac de cuir, dans lequel sont apportées, au Parlement de la Grande-Bretagne, les pièces du compte dressé par le chancelier de l'Échiquier.

(1) La question d'orthodoxie n'était même pas négligée, car on payait d'un jeton la présence de chaque membre à la messe célébrée tous les ans, le jour de Sainte-Geneviève, à l'église des Petits-Pères, « pourvu qu'il s'y soit rendu avant l'évangile » (arrêt du conseil d'État du 2 décembre 1786). --- Les commis eux-mêmes étaient tenus de « professer la religion catholique, apostolique et romaine. » (Arrêt du 11 septembre 1786).

certifier « l'identité du rentier et la vérité des pièces produites, » est rendue obligatoire par l'arrêté du 27 prairial an X, qui les déclare responsables pendant cinq ans de la validité du transfert.

On s'occupe ensuite de pourvoir à l'exécution tardive de l'un des articles essentiels de la loi du 24 août 1793, prescrivant qu'il fût fait deux copies du Grand-Livre pour être déposées, l'une aux Archives nationales, l'autre aux Archives de la Trésorerie.

La mesure, toutefois, est restreinte à ce dernier point.

Conformément à un arrêté de Barbé-Marbois, ministre du Trésor, en date du 26 vendémiaire an XIII, il est établi un *double* du Grand-Livre composé de copies mobiles de tous les libellés d'inscriptions, classées par ordre rigoureusement alphabétique. Ce répertoire offre ainsi le moyen non-seulement de reconstituer l'original, mais encore de retrouver, sur l'indication du nom des rentiers, les parties désignées d'une manière incomplète.

Cette importante garantie, donnée à la conservation d'une propriété déjà privilé-giée, ne pouvait que contribuer à la réa-lisation des promesses contenues dans l'œuvre de Cambon, dont il était difficile toutefois de prévoir l'immense dévelop-pement.

X

Nous voudrions essayer de mettre en relief, au seul point de vue qui nous oc-cupe, cette figure de Cambon, de ce grand citoyen resté longtemps presque obscur, après avoir joué un rôle si important dans la Révolution.

On sait que sous l'ancien régime, l'en-quête sur la situation financière s'était déjà plusieurs fois produite, mais jamais dans de telles conditions de simplicité et de grandeur.

Trois ministres, dont deux des plus

illustres, avaient marqué leur passage par la fondation ou le relèvement du crédit de la Couronne.

L'Édit du 10 octobre 1522, qui avait créé la première rente sur l'Hôtel de Ville, n'était point né des méditations d'un L'Hospital, mais des expédients du chancelier Duprat, le ministre concussionnaire qui étendit le trafic des charges de la magistrature, l'instrument servile de la reine mère, Louise de Savoie, dans ses colossales déprédations, dans le meurtre judiciaire du malheureux surintendant Semblançay ; Duprat, « le plus vicieux des bipèdes », suivant l'expression de Beaucaire de Peguihem, historien contemporain non suspect, puisque son catholicisme éprouvé lui valut l'honneur d'être choisi pour accompagner le cardinal de Lorraine au concile de Trente.

C'est afin de pourvoir aux ruineuses prodigalités de la cour de François 1er, de satisfaire l'humeur guerroyante, les caprices et les appétits d'un roi « qui s'amuse », que Duprat déploie toutes les ressources de son esprit inventif.

Il rehausse arbitrairement les tailles, extorque aux particuliers et aux églises des espèces ou des objets précieux, annule les concessions gratuites pour les renouveler à titre onéreux, fait fondre la grille d'argent, du poids de 6,776 marcs, rappelant la vénération de Louis XI pour le tombeau de saint Martin de Tours, fabrique des conseillers au prix de 2,000 écus d'or (23,200 francs) par tête, convoque un concile gallican auquel il arrache une contribution de la moitié des revenus du clergé, réduite au tiers à la suite de longues discussions.

Enfin, après avoir puisé à toutes ces sources odieuses ou immorales, il s'adresse aux bons bourgeois de Paris, déjà pressurés par Sa Majesté en personne, et leur impose une avance proportionnée à la fortune de chaque habitant aisé. Puis, dans le but de calmer le mécontentement bien naturel que devaient provoquer tant d'emprunts forcés et de s'épargner le souci d'un remboursement difficile, il assure à ses créanciers le paiement perpétuel d'un intérêt de « douze livres une livre » (8,33 pour cent) à prendre sur le produit d'un impôt déterminé.

Le cardinal Duprat a donc, une fois en sa vie, fait un marché honnête, qui ouvrait pour l'avenir à la Royauté une voie légitime de crédit : voilà tout son mérite devant l'histoire.

Certes, c'était un autre homme que le baron de Rosny. Attaché dès l'enfance au prince de Navarre, il l'aide à conquérir le trône et fait rentrer dans le devoir, avec une inflexible rigueur, l'armée de pillards qui s'engraissait aux dépens du domaine royal. Esprit droit et pénétrant, travailleur infatigable, il rétablit l'ordre et l'économie partout — excepté dans les dépenses du voluptueux monarque, qui, au grand désespoir de son loyal confident, consacrait chaque année à ses plaisirs 1,200,000 écus d'or (13 millions de notre monnaie, le triple en valeur relative) (1).

Rosny avait, dans une juste mesure, le souci de sa propre fortune, qui croissait avec les titres et les dignités dont le comblait Henri IV reconnaissant. Il était duc de Sully, prince souverain d'Enrichemont, « conseiller du roi en tous ses conseils, » superintendant des finances, grand-maître » de l'artillerie, grand-voyer de France, » gouverneur du Poitou, de la Bastille, de » Mantes et de Jargeau, exerçant une autre » charge, la plus périlleuse de toutes, celle » des intrigues et brouilleries domestiques » et de cour. »

Arrivé au pouvoir dans des circonstances identiques, placé en face du même problème tendant à assurer l'entretien permanent de la guerre, du luxe et de la galanterie, Colbert entreprend de le résoudre

---

(1) Pour faire comprendre ce qu'une telle somme représentait, à cette époque, de luxe et de jouissances, il suffit de rappeler que, même sous Louis XIII, on était riche à Paris avec 12,000 livres de rente. On pouvait, à ce prix, faire figure dans le monde et tenir une maison servie par dix domestiques.

par les mêmes procédés : réduction des rentes, restitutions imposées aux traitants; mais ce remède n'opère qu'à la surface, la misère est au fond. Enrichi comme Sully (1), mais moins heureux que lui, c'est à un maître égoïste et non à un ami qu'il rend des services, et le peuple mourant de faim les apprécie si peu, qu'il couvre de malédictions le cercueil du grand ministre.

Un siècle plus tard, les ténèbres étaient aussi épaisses que jamais et Cambon, appelé à son tour à porter la lumière dans le chaos, avait réuni à lui seul, en accomplissant cette tâche, les mérites divers de ses devanciers.

(1) Colbert touchait :
55,000 livres comme membre et intendant du Conseil général, contrôleur général et secrétaire d'État; 12,000 livres à la marine ; 5,000 livres comme secrétaire des commandements de la reine; 6,000 livres à titre de don gracieux dans les pays d'États ; 400,000 livres sous forme de gratification ainsi motivée par le Roi dans l'ordonnance du comptant: « en considération de ses services et pour lui donner moyen de me les continuer. »
Il laissa à sa famille 10 millions qui en vaudraient 40 aujourd'hui.

Il avait innové comme Duprat, liquidé le passé avec l'énergique et patiente sagacité de Sully, préparé l'avenir par une conception supérieure, une intuition des lois du Crédit qui n'apparaissait pas encore dans les plans financiers de Colbert.

Mais les temps étaient bien changés. Ni la fortune, ni les dignités n'attendaient le réformateur républicain. Guidé par la seule inspiration d'une conscience droite, d'un patriotisme convaincu, il n'avait d'autre ambition que celle d'attacher à une œuvre utile le nom d'un bon citoyen, CAMBON *fils aîné*, signature commerciale conservée par le marchand devenu législateur.

« Cet homme fut rapace, avide, avare,
» il faut l'avouer, mais pour la République.
» J'ai dans les mains le compte exact de
» sa fortune avant et après la Révolution,
» son budget vénérable. Dans cet acte,
» fait par lui en sortant des affaires, il
» constate qu'il y est entré avec 6,000

» livres de rente et qu'il en sort avec
» 3,000 (1). »

Dans une espèce de ruelle située au cœur d'un des vieux quartiers de Montpellier et appelée à l'honneur de perpétuer le souvenir du nom de Cambon, on montre aujourd'hui la maison qui fut habitée par le créateur du Grand-Livre.

Un jour de Vendémiaire an VIII, on vit flotter, à l'une des fenêtres de cette maison, l'écharpe de l'ancien Représentant du peuple. Il fêtait ainsi le retour d'un habile général, arrivant tout glorieux de la conquête de l'Égypte et s'annonçant comme le défenseur de la République expirante.

Le 18 Brumaire ne tarda pas à dissiper toutes les illusions, et Cambon continua jusqu'en 1815 son existence modeste et laborieuse.

On ne s'expliquerait guère qu'à cette époque encore, il eût eu la faiblesse de croire au revenant de l'île d'Elbe, comme

---

(1) Michelet, *Révol.*, T. IV, pag. 106.

il avait espéré dans le débarqué de Fréjus;
qu'il eût poursuivi la réalisation d'un non-
sens, d'une formule d'alchimie politique:
l'Empire libéral!

. Non. En siégeant dans la Chambre des
Cent jours, en signant l'acte additionnel,
il faisait taire, comme Carnot, sa haine du
despotisme, pour organiser la résistance à
l'invasion.

Banni par la seconde Restauration,
Cambon se retrouve à Bruxelles avec plusieurs de ses collègues de la Convention
et se montre sous un nouveau jour à ses
compagnons d'exil.

A force d'épargne et de simplicité, il
était parvenu à reconstituer les 6,000 fr.
de rente formant son patrimoine. Le rude
et positif calculateur partage avec tous
les proscrits ces ressources péniblement
amassées.

Des trois principes pris pour devise par
le Gouvernement républicain, il pratiquait
noblement celui qui résume les deux autres : la Fraternité.

Ce grand patriote ne devait pas revoir la France qu'il avait servie avec tant de dévouement. Il mourut en 1820 à Saint-Gost, près de Bruxelles, à l'âge de soixante-six ans.

TROISIÈME PARTIE

LE GRAND-LIVRE

TROISIÈME PARTIE

LE GRAND-LIVRE

I

L'empire a laissé, mêlés au fracas de ses batailles, plus de souvenirs financiers qu'on ne pourrait le supposer.

La Constitution de l'an VIII avait régularisé le mouvement des impôts par la création des percepteurs, des receveurs particuliers et des receveurs généraux.

Pour effectuer l'envoi des fonds centralisés par leurs soins, ces derniers comptables souscrivaient des *Obligations* et des *Bons à vue* payables, mois par mois, à leurs caisses. Les échéances étant de beaucoup postérieures à la rentrée du produit des contributions, ils bénéficiaient d'une grosse somme d'intérêts et des profits d'un agiotage organisé, tandis que le Trésor était obligé d'escompter à grands frais (12 et 15 0/0) les valeurs représentatives des revenus perçus.

Or, la Dette perpétuelle qui, au commencement du Consulat, était de 40 millions, montait, en 1806, à 54 millions ; et les budgets des trois années précédentes s'étaient soldés en déficit.

Parmi les ressources pouvant servir à combler cet arriéré, on comptait 60 millions de biens nationaux qui n'étaient pas précisément disponibles, car on en avait composé des dotations pour le Sénat, la Légion d'honneur et l'Université. Mais ces établissements furent pourvus en rentes et l'on transféra les biens à la caisse d'amortissement, chargée d'en opérer la vente.

Alors on créa pour 60 millions de *rescriptions*, correspondant au prix des domaines engagés.

L'empire a donc eu aussi ses assignats.

Seulement, cette valeur, portant intérêt à 6 et 7 o/o, tirait en outre de la garantie de la caisse choisie pour intermédiaire, un prestige qui permit d'augmenter de 20 millions le montant de l'émision primitive.

Les embarras étant écartés, il s'agissait d'en faire disparaître la cause principale : le mode tracé par Gaudin, après le 18 brumaire, pour les versements des receveurs généraux. Le ministre Mollien, qui avait succédé à Barbé-Marbois, y parvint en instituant une *caisse de service*, devenue depuis la caisse centrale du Trésor, avec laquelle les comptables extérieurs sont en compte courant.

L'application de la comptabilité commerciale *en partie double* aux écritures de l'administration contribua encore puissamment à éclairer les mouvements du mécanisme financier. Mais la lumière, obtenue par l'esprit ingénieux d'un serviteur dévoué, était destinée aux yeux du maître, du maître seul. Elle n'était point faite pour initier le public aux affaires du pays, ni pour fournir à la Cour des comptes des éléments de contrôle dont elle était absolument dépourvue. Le besoin d'étouffer partout l'examen, la discussion, avait présidé à l'organisation de cette haute magistrature (16 septembre 1807) et anéanti l'indépendance qu'elle tenait de la Constitution du 22 août 1795.

On poussait plus loin encore l'oubli des garanties exigées pour la validité des actes émanant des pouvoirs publics.

Deux décrets, l'un du 25 février 1808, dont le texte a été imprimé, pour la première fois dans un ouvrage spécial publié récemment, (1) l'autre du 13 décembre 1809, conçu à peu près dans les mêmes termes, statuaient sur la liquidation de la Dette et frappaient de déchéance toutes les créances antérieures à l'an IX.

Les dispositions de ces décrets inédits furent confirmées par la loi de finances du 15 janvier 1810, qui supprima, à partir du

(1) *Manuel des Tranferts et Mutations de Rentes sur l'État*, par J. M. Gorges et V. A. Bezard; un vol-in 8° — Paris, 1883. Oct. Doin, Éditeur.

1ᵉʳ juillet de la même année, le Conseil général de liquidation de la Dette publique.

Une autre manifestation de la volonté dirigeante allait trouver dans le Grand-Livre un moyen d'exécution.

Le chef du gouvernement avait son armée, son Sénat, son Corps législatif, son Conseil d'État, sa Cour des comptes ; il disait volontiers : « mes peuples », il ne pouvait dire : « ma noblesse ». Ses frères, couronnés par ses mains, étaient dispersés sur les territoires conquis. Les principautés accordées à Talleyrand, à Bernadotte et à Berthier n'étaient que le germe d'une idée qu'il était urgent de développer.

Ce qu'il fallait, c'était un ensemble imposant de grands dignitaires, empruntant à l'éclat des titres et de la fortune un prestige qui rejaillît sur le trône et associât la destinée des bénéficiaires à celle du fondateur.

Telle fut l'illusion qui inspira le décret du 1ᵉʳ Mars 1808 instituant les majorats.

Les majorats pouvaient être constitués en biens ou en rentes.

Nous parlerons seulement de ces derniers, qui s'établissaient eux-mêmes de deux manières :

De propre mouvement, c'est-à-dire sur l'initiative (*proprio motu*), et par un acte de munificence du souverain, conférant à la fois un titre nobiliaire et un revenu privilégié ;

Sur demande ou à la requête de particuliers, qui étaient autorisés à faire inscrire une rente acquise de leurs deniers et soumise, en vertu de leur déclaration, à des conditions spéciales.

Les titres étaient ainsi gradués et tarifés :

Comte,   — 10.000 fr. de rente.

Baron,   — 5.000 fr. de rente.

Chevalier — 3.000 fr. de rente.

Les rentes affectées à un majorat étaient immobilisées et « transmissibles héréditairement en ligne directe, de mâle en mâle », par ordre de primogéniture, double dérogation aux règles du Code civil concernant le caractère meuble de la rente et le partage égal des successions.

A l'égard du majorat sur demande, cette indisponibilité cessait de plein droit, lorsque les conditions d'hérédité n'étaient pas remplies.

L'inscription affectée à un majorat de propre mouvement n'était expédiée au nom du titulaire que jusqu'à concurence des neuf dixièmes ; le surplus était porté à un compte séparé composant un *fonds commun d'accroissement*, administré par la caisse des dépôts et consignations, qui l'employait à l'achat de rentes au profit des dotataires.

Lorsque les produits accumulés de cette retenue en avaient doublé le montant, il était fait de la nouvelle quotité deux parts égales : l'une, formant le dixième prélevé à l'origine, était maintenue au compte collectif pour concourir aux acquisitions ultérieures ; l'autre était détachée de ce fonds commun et réunie à l'inscription principale, qui se trouvait ainsi périodiquement augmentée d'un dixième.

A défaut d'héritier habile à succéder au titulaire, la dotation cessait d'exister et la rente faisait retour à l'État.

Le recueil des majorats formait un livre à part (1).

Pendant qu'on préparait le bronze de la colonne qu'il élevait à sa propre gloire, Napoléon, au milieu de l'enivrement de la paix de Tilsitt, faisait dresser le Livre d'Or de sa noblesse, si richement dotée dès le berceau.

Ce fut une des causes de sa chute.

Il ne succomba pas, lui, sous des désastres financiers, comme ceux qui avaient précipité la ruine de l'ancien monarchie. Son orgueil n'aurait pu se plier aux négociations publiques d'un emprunt. Le « maître » qui, selon Sieyès « sait tout, veut tout, peut tout faire », ne doit pas même être soupçonné de manquer d'argent.

(1) La loi du 12 mai 1835 a interdit toute institution de majorat pour l'avenir. — 162 dotations, reversibles au domaine de l'État, figurent encore au Grand-L vre pour 686.902 fr., et 22 majorats sur demande pour 187.552 fr. de rente. Le fonds d'accroissement s'élève à 93.812 fr. de rente.

Il n'hésitait pas, au besoin, à effectuer avec des rentes le règlement de certaines créances, ou à désintéresser par le même moyen les communes dont il faisait aliéner les biens; mais il n'avait, en somme, accru que de 23 millions les arrérages de la Dette, qui s'élevaient, en 1814, à 63.307.637 francs.

Quant aux conséquences financières de l'administration impériale, elles sont résumées dans la notice historique de M. le marquis d'Audiffret, auteur du *Système financier de la France*, ancien président de Chambre à la Cour des comptes, et qui avait dirigé, en cette qualité, les travaux de la commission chargée de préparer l'ordonnance du 31 mai 1838, portant règlement général sur la comptabilité publique :

« Le gouvernement militaire, qui avait ainsi régné sans contrôle pendant le cours de quinze années, après avoir épuisé les forces de la population et de la richesse publique par les exigences et les désordres d'une guerre continuelle, laissa après lui un déficit de trésorerie de plus de 100 millions, un discrédit créé par l'arbitraire et la violence, ainsi que l'arriéré de ses titres et de ses charges extraordinaires, sans pouvoir même en révéler toute l'étendue. A peine une liquidation, qui s'est prolongée jusqu'en 1830, a-t-elle suffi pour retrouver la trace incertaine de ses dépenses non soldées, et pour fixer le chiffre définitif de 650 millions de créances qui étaient restées en souffrance. Ces reliquats accumulés sur d'anciens exercices, qui venaient s'ajouter aux dommages incalculables d'une double invasion étrangère et aux indemnités réclamées par les peuples si longtemps tributaires de nos victoires, élevèrent à plus de 193 millions de rentes, ou à 4 milliards en capital, les derniers sacrifices de ce régime ruineux, qui traînait encore à sa suite plus de 60 millions de pensions exigibles, et la surcharge d'un personnel surabondant et dispendieux dans toutes les branches de l'administration.

» Tels sont les résultats généraux que les
recherches d'un long apurement ont permis de retirer de cette comptabilité de
l'empire, qui n'a jamais publié une situation générale des finances d'après ses
écritures, et qui ne s'était pas soumise au
contrôle de la Cour des comptes. » (1).

II

La Restauration débute, comme la Constituante, par proclamer le respect des

(1) Nous devons à la vérité historique de reconnaître que
le même marquis d'Audiffret, devenu sénateur, s'exprimait
ainsi dans le Rapport placé en tête du Décret du 31 mai
1862, portant révision de l'ordonnance de 1838 :

« Le fondateur du premier Empire avait à peine triomphé
» de nos ennemis extérieurs et de notre anarchie révolu-
» tionnaire, qu'il s'empressa de reconstituer l'ordre social,
» judiciaire, administratif et militaire, par les statuts du Code
» Napoléon et par une législation impérissable qui a réor-
» ganisé les services publics. C'est alors aussi qu'il éclaira,
» de toute la lumière de son génie créateur, l'harmonieuse
» unité du puissant mécanisme qui a fait la force et la gloire
» de la France. »

engagements émanant des gouvernements antérieurs,

Le régime financier issu de la Révolution est reconnu, en 1814, par cette déclaration insérée dans la Charte datée de Saint-Ouen, 4 juin :

« La Dette publique est garantie; les ventes des domaines nationaux sont irrévocablement maintenues. »

Deux jours après, le signataire de cet acte préliminaire était acclamé roi de France et de Navarre, par l'ingrat aréopage sénatorial, prompt à renier son créateur, à prononcer la déchéance du vaincu qui l'avait comblé de titres, d'honneurs et de richesses.

Il n'était pas difficile de paraître libéral, en succédant à un gouvernement qui avait poursuivi l'ombre de la discussion jusque dans le Tribunat, coupable de « recéler trois ou quatre métaphysiciens bons à jeter à l'eau ». Aussi le baron Louis, choisi pour ministre des finances, obtient-il un rapide succès de confiance par l'empressement

qu'il met à réunir les éléments incomplets
d'un exposé de la situation, dont il accompagne la présentation du budget, suivant
la règle parlementaire.

La rente, qui languissait à 47 fr. pendant
les derniers mois de l'Empire, en avait
salué la chute par une hausse de 19 fr. et
s'était élevée graduellement jusqu'au cours
de 80 (août 1814).

Mais le détrôné reparaît subitement, et,
copiant le manifeste du protégé de l'invasion, écrit à son tour dans l'acte additionnel des Cent-Jours, en 1815 :

« Toutes les créances de l'État sont
inviolables. »

L'avortement de cette tentative se traduisit par une nouvelle et plus longue
occupation de territoire, aggravée d'une
rançon de 700 millions et d'autres clauses
rigoureuses, qui portèrent à près de deux
milliards les charges dont la France fut
accablée par la Sainte-Alliance triomphante.

Les premiers effets de ce désastre apparurent clairement dans le budget de la même année.

Les comptes établis par ce docment accusaient un arriéré de 759,175,000 fr. dont les intérêts évalués en chiffres ronds à 37 millions, avaient élevé les arrérages de la Dette de 63 millions à 100 millions.

Il se trouva encore des fanatiques du droit divin qui proposèrent, comme Saint-Simon juste un siècle auparavant, de se débarrasser, par une banqueroute, des dettes du régime déchu ; mais cet avis fut honnêtement repoussé.

Un emprunt, devenu inévitable, fut ouvert par la loi du 28 avril 1816 qui réorganisa en même temps l'amortissement sur de nouvelles bases. L'ancienne caisse, complétement détournée de sa destination apparente, n'avait servi jusque-là qu'à centraliser des fonds de toute provenance, pour les appliquer aux besoins les plus pressants des services généraux ; elle fut remplacée par un établissement important dont la dotation, fixée d'abord à 20 millions

et portée plus tard à 40, devait être rigoureusement consacrée à l'emploi qui lui
était assigné : l'extinction progressive des
rentes qui figuraient alors dans les dépenses
pour 125 millions.

Le premier capital affecté à ces opérations était formé, pour 14 millions, par
l'attribution «: exclusive et immuable » du
revenu des postes ; le Trésor royal fournissait les 6 millions de surplus au moyen
d'à-comptes mensuels de 500,000 fr. On
double ces ressources en y ajoutant les
produits nets de l'enregistrement, du timbre, des domaines, de la loterie, et en
transportant à la caisse d'amortissement la
propriété de tous les bois de l'État, à l'exception d'une réserve faite au profit des
maisons religieuses.

Les rentes acquises par la caisse étaient
inscrites à son nom et immobilisées jusqu'à ce qu'une loi en eût autorisé l'annulation. Elles avaient une place à part dans le
Grand-Livre, modifié à cette époque selon
la forme qu'il a conservée depuis.

Un arrêté ministériel du 22 décembre 1816 substitua au classement alphabétique suivi jusque-là, la division des inscriptions en dix séries.

Les huit premières étaient déterminées chacune par une ou plusieurs lettres correspondant à l'initiale des noms qui s'y groupaient indistinctement :

1re — A. C.

2º — B.

3º. — D.

4º — E. F. G.

5º — H. I. J. K. M.

6º — L. N. O.

7º — P. Q. R.

8º — S. T. U. V. W. X. Y. Z.

La 9º comprenait les rentes des communes.

La 10º les rentes immobilisées.

Chaque série était composée de plusieurs volumes contenant eux-mêmes un certain nombre de comptes individuels.

Tous les comptes afférents au paiement de la Dette perpétuelle et du fonds d'amortissement, devaient être distraits du budget ordinaire de chaque exercice, et présentés séparément aux Chambres (loi de finances du 25 mars 1817).

La Restauration introduisait ainsi la pratique du système parlementaire par les inspirations d'un libéralisme mitigé qui, sur une population de 25 à 26 millions d'habitants, confiait à 17,200 électeurs censitaires le choix des membres de la représentation nationale.

Les circonstances, d'ailleurs, étaient trop graves pour que le gouvernement ne s'attachât pas à éclairer les mandataires du pays, afin d'en obtenir le concours dont il avait besoin. Le paiement des contributions de guerre avait nécessité l'ouverture d'un nouvel emprunt de 16.040.000 fr. de rente. Contrairement au mode de réalisation pratiqué pour les émissions précédentes qui avaient eu lieu, soit par traités passés avec des banquiers, soit par des négociations partielles effectuées à la Bourse, on ouvrit au public les portes du Trésor (loi du 6 mai 1818).

En fixant le minimum de coupure à 5.000 fr. de rente, en limitant à sept mois le versement du capital, on avait cru assurer le classement de l'emprunt entre les mains de souscripteurs sérieux.

Les débuts de l'opération semblèrent confirmer cette espérance. Au lieu de 16 millions qu'on leur demandait, les prêteurs offrirent 163 millions de rente !

Émis à 67 fr. 60 c., les certificats se cotèrent bientôt à 80 fr. Mais un grand nombre de porteurs, incapables de libérer intégralement ces titres provisoires, se hâtèrent de s'en dessaisir ; ces ventes multipliées provoquèrent une baisse rapide, puis une dépréciation absolue.

Les mécomptes de la spéculation engagée dans cette combinaison malheureuse, se traduisirent en plaintes dirigées contre le ministre, M. Corvetto, et l'obligèrent à déposer son portefeuille qui passa entre les mains du baron Louis.

Le nouvel emprunt, dont la forme était condamnée, éleva le chiffre de la Dette, y compris l'amortissement, à 180 millions 782.000 fr.

Bien que le gouvernement eût payé cher les ressources qu'il avait puisées dans ces premiers emprunts, l'élévation graduelle des cours auxquels ils avaient été contractés, marquait une reprise réelle du crédit.

Des mesures sont adoptées pour en agrandir et fortifier l'action.

La fondation, à Paris, d'une *Caisse d'Épargne et de Prévoyance* (ordonnance du 29 juillet 1818), commence à étendre au delà de la sphère des capitalistes les placements en rentes sur l'État. Cet établissement, créé par la maison Jacques Laffitte, sous la forme d'une Société anonyme, « recevait les économies journalières des particuliers » et en accumulait les intérêts au profit de chaque déposant « jusqu'à ce que sa créance se trouvât convertie en une inscription en sa faveur de 50 fr. de rente perpétuelle sur le Grand-Livre de la Dette publique. »

Une nouvelle impulsion est produite

dans le même sens par la loi du 14 avril 1819, qui confie aux receveurs généraux la tenue de *livres auxiliaires* destinés à faciliter aux habitants des départements toutes les opérations sur les rentes.

Chacun de ces comptables reçoit un crédit collectif sur lequel il impute successivement le montant des rentes dont l'inscription lui est demandée. Il procède dans la même forme, d'après les mêmes règles que les agents chargés des écritures du Grand-Livre établi à l'administration centrale. A défaut d'agent de change, dans les villes où il n'existe pas de bourse de commerce, la déclaration de transfert peut être certifiée par un notaire.

Ainsi pénètre dans les régions éloignées la connaissance des valeurs de l'État, ainsi sont combattues « les thésaurisations stériles, par l'appât d'un intérêt certain et commode à recevoir. »

Pour ajouter encore aux avantages procurés au rentier, on réalise à son profit une idée qui s'était fait jour sous la Convention, en lui permettant de compenser ses arrérages avec ses contributions.

Cette prescription, toutefois, est demeurée lettre morte ; elle n'a pas paru, jusqu'ici, susceptible d'être utilement appliquée.

Le passage de M. Roy aux finances (1819-1821) n'est marqué que par le règlement de certains détails du service des rentes :

Création de quittances visées à Paris, pour le recouvrement de semestres dus dans les départements (Décision Ministérielle du 5 novembre 1819). ;

Régularisation de la forme des déclarations de transfert, par l'obligation imposée aux agents de change d'indiquer exactement les noms et prénoms des acquéreurs des inscriptions vendues (Arrêté ministériel du 26 février 1821).

M. de Villèle complète les dispositions
prises par ses prédécesseurs , il ouvre aux
petits capitaux l'accès du Grand-Livre, en
réduisant de 50 fr. à 10 fr. le minimum de
rente inscriptible (loi du 17 août 1822), et
autorise les titulaires de ces faibles coupures
à les transférer en vertu de procurations
notariées en brevet ou de mandats sous
seing privé (ordonnance du 5 mars 1823).

Le baron Louis avait apporté au présent
d'importantes améliorations ; mais il poursuivait le progrès et travaillait surtout pour
l'avenir.

Les préoccupations de M. de Villèle, au
contraire, se tournaient de préférence vers
le passé. Les actes du ministère dont il
était le chef révélaient assez son intention
d'anéantir les conquêtes de la Révolution
Après avoir supprimé la liberté de la

presse et de la librairie, remis l'Université aux mains du clergé, chassé de leurs
chaires Guizot et Royer-Collard, il faisait
« empoigner » Manuel sur son banc de
législateur.

Afin de se ménager, selon l'usage des
habiles de la même école, toutes les appa-
rences de la « légalité, » il crée, en 1824,
une Chambre à son image, au moyen de
fraudes électorales poussées aux dernières
limites.

C'est sur un terrain ainsi préparé que
M. de Villèle commença ses opérations.

La Dette publique, au 1er janvier 1824,
s'élevait à 197.032.975 francs. Il dépose
d'abord un projet de loi tendant à convertir cette somme de rente 5 o/o en 3 o/o
émis à 75 fr. L'économie annuelle de
30 millions réalisée par cette transformation serait employée à indemniser les
anciens propriétaires de biens confisqués
pendant leur émigration et vendus comme
domaines nationaux.

Bien que cette combinaison eût pour

résultat d'accroître d'un cinquième le capital de la Dette, elle fut adoptée par la
Chambre des Députés, où régnait le vieil
antagonisme des provinciaux possesseurs
de terres et des rentiers parisiens.

Mais cette dernière classe était représentée, dans la Chambre haute, par de
grandes influences. M. Roy d'abord, pos-
sédant, outre une fortune immobilière considérable, 500,000 fr. de rente sur l'État, fait
comte et pair en quittant le ministère, était
là pour combattre le projet de son adversaire. Puis les divers groupes de la société
ecclésiastique et congréganiste occupaient
dans le Grand-Livre, une place assez considérable. L'intervention de M. de Quélen,
archevêque de Paris, fut décisive et fit
repousser le projet de loi, par des considérations d'ordre purement sentimental : il
tendait à priver les petits rentiers du nécessaire et les riches d'une partie du super-
flu qu'ils consacraient à leurs aumônes.

L'année suivante (1825), Charles X avait
remplacé son frère sur le trône. L'élément

clérical était prépondérant. L'existence des communautés de femmes, autorisées à acquérir, venait d'être légalement consacrée. La loi du sacrilége punissait de mort la profanation des choses saintes, ce qu'un pair de France, M. de Bonald, appelait, avec une parfaite quiétude de conscience, « envoyer le coupable devant son juge naturel. »

Aucune opposition n'était à craindre de la part de l'épiscopat, pour un gouvernement qui donnait aux intérêts religieux de si solides garanties.

M. de Villèle reproduisit son plan après l'avoir modifié. De son projet primitif, le ministre en avait fait deux : l'un proposant d'allouer une indemnité aux émigrés expropriés, l'autre ayant pour objet la conversion du 5 o/o en 3 o/o.

Le premier présentait de sérieuses difficultés, à cause du défaut de précision des bases sur lesquelles devait être établie l'évaluation des biens appréhendés par l'État. Les agents préposés à la vente

15

n'avaient pas procédé d'une manière uniforme. Jusqu'au 12 prairial an III, ils n'a-
vaient constaté dans leurs procès-verbaux
que le montant de l'adjudication ; mais, à
partir de cette époque, ils y avaient con-
signé le résultat d'une estimation faite
d'après le revenu que rapportaient, en
1790, les domaines confisqués.

Cette dernière période fournissait donc
une donnée certaine : c'était sur le pied de
vingt fois le revenu produit au moment de
la saisie qu'on avait calculé la valeur des
biens dont l'aliénation était postérieure au
12 prairial.

Les prix des adjudications faites avant
cette date avaient été admis et réduits en
numéraire, d'après le tableau de dépréciation des assignats dressé dans le département où était située la propriété vendue.

Ces calculs faisaient res-
sortir une indemnité de...   1.297.760.607 fr.

Mais on relevait, en atténuation de cette somme,
diverses dépenses à la

Report.............. 1.297.760.607 fr.
charge des émigrés mon-
tant à......................... 309.940.645

Ce qui ramenait le chif-
fre de l'allocation pro-
jetée à..................... 987.819.962 fr.

Les 30 millions de rente 3 o/o correspondant à ce capital seraient inscrits annuellement par cinquième au Grand-Livre.

La proposition ainsi formulée donna lieu,
cette fois, à des débats très passionnés. On
réclamait, comme un acte de justice, la
réintégration des anciens propriétaires
dans leurs droits.

C'étaient les détenteurs actuels qu'il fallait déposséder, moyennant un dédomma-
gement préalable. Cette transaction semblait une faiblesse à un député qui, qualifiant
de *vol* l'expropriation décrétée par la
Constituante, opinait pour la restitution
pure et simple.

Deux amendements sortirent de cette
ardente discussion. Il fut convenu qu'on
multiplierait par 18 au lieu de 20, le revenu

de 1790 afférent aux biens vendus après le 12 prairial an III, et que la différence servirait à former un fonds commun qui serait réparti entre les indemnitaires les moins favorisés : on rétablirait ainsi l'équilibre compromis par un double mode d'appréciation puisé dans des documents dissemblables.

En outre, afin de faciliter les rétrocessions qui pourraient être consenties pendant cinq ans au profit des anciens propriétaires, on disposa que l'enregistrement de ces actes serait soumis à un simple droit fixe de 3 fr.

Adopté par la Chambre des pairs, ce projet devint la loi du 27 avril 1825, qui autorisait l'émission de 30 millions de rente 3 o/o au capital d'un milliard, destinés à indemniser « les émigrés, les déportés et les condamnés révolutionnairement. »

Aucune allocation supplémentaire ne pourrait augmenter ce crédit qui, du reste, laissa disponible une somme de 4,004,690 francs, réduisant ainsi à 25,995,310 fr. le montant des inscriptions délivrées aux intéressés.

Cette réparation s'imposait aux soutiens de la monarchie. Elle eut l'avantage d'établir un *modus vivendi* entre l'ancien régime et la Révolution, en réglant d'une manière « définitive » le compte des expropriés, dont elle apaisait les récriminations, et en dissipant les inquiétudes répandues parmi les acquéreurs de biens nationaux au sujet de la légitimité de leur possession.

M. de Villèle entreprit ensuite de résoudre un problème difficile : faire face à la dépense qu'il venait de créer, sans accroître les impôts et sans suspendre le jeu de l'amortissement.

La caisse d'amortissement s'était enrichie. En neuf ans, elle s'était acquis un revenu propre presque égal au montant de la dotation de 40 millions qui lui était régulièrement servie; elle disposait de 77,500,000 fr. En combinant l'emploi de ce capital avec une augmentation de recette prévue, on absorbait entièrement les

6 millions de rente affectés annuellement à la liquidation de l'indemnité.

Dans le but de préparer ce résultat, on décidait que les rentes au-dessous du pair seraient seules soumises à l'action de la caisse, ce qui excluait de ses opérations le 5 o/o parvenu au cours de 103 fr.

Le projet de conversion, toutefois, tendait à l'y faire rentrer. Cette mesure donnait satisfaction aux maisons de banque qui, l'année précédente, avaient secouru le gouvernement, en se chargeant de 20 millions de rente dont le placement n'était pas encore effectué..

Le ministre proposait en conséquence d'accorder, pendant trois mois, aux propriétaires de rente 5 o/o la faculté d'en requérir la conversion en inscriptions de rente 3 o/o au taux de 75 fr.; et jusqu'au 22 septembre 1825, « la faculté de requérir cette conversion en 4 1/2 o/o au pair avec garantie contre le remboursement jusqu'au 22 septembre 1835. »

Les arrérages des inscriptions 3 o/o se

paieraient aux 22 juin et 22 décembre ; les
échéances des 22 mars et 22 septembre
seraient maintenues pour les rentes 4 1/2
o/o.

Cette combinaison fut consacrée par la
loi du 1ᵉʳ mai 1825.

C'en était fait de la « grande uniformisation » accomplie par Cambon. Mais l'altération du principe de l'économie générale
du Grand-Livre n'avait qu'une gravité
secondaire auprès du mal causé par l'introduction, dans le système de la Dette, d'un
fonds purement fictif qui en accroît déme-
surément le capital.

Du 3 o/o à 75 fr. n'est qu'un 4 o/o déguisé.
On ne saurait trop déplorer l'abandon de
la règle de sincérité absolue qui avait présidé à la création du type originaire de l'inscription représentative de notre Dette nationale.

Le calcul de M. de Villèle n'obtint pas,
d'ailleurs, tout le succès qu'on en espérait.
Bien qu'il eût tendu à l'excès, pour l'exécution de son plan, tous les ressorts de

l'administration, changé le caractère « facultatif » de la conversion en l'appliquant d'office à un grand nombre de créanciers, notamment aux fonctionnaires et aux établissements publics, l'opération n'embrassa pas le quart de la Dette. La transformation de 30,574,116 fr. de rente 5 0/0 ne produisit qu'une économie annuelle de 6,115,081 francs.

Un si faible avantage, péniblement acquis, n'était pas de nature à imprimer à la spéculation une grande activité. Au mois de septembre, pendant que le 5 0/0 redescend à 99 fr. 15, on voit le 3 0/0 baisser dans la même proportion à 70 fr. 50; à la fin de l'année, il tombe au-dessous de 60 fr.

Le nouveau fonds avait eu pour berceau une baraque en planches grossières, établie rue Feydeau, sur les terrains occupés précédemment par le couvent des filles Saint-Thomas. Après des débuts difficiles, il se relève assez pour faire, le 6 novembre 1826, une entrée convenable dans le palais définitif qui venait d'être édifié sur

« la place Vivienne », mais il se négociait encore à des cours inférieurs de près de 3 fr. au taux de l'émission.

Néanmoins, les affaires financières de la Restauration étaient beaucoup mieux conduites que sa politique. C'était à l'esprit de réaction que s'adressaient les cris poussés dans la rue de Rivoli, sous les fenêtres du « palais Villèle ».

Le comte Roy, qui reprend son portefeuille dans le ministère Martignac (1827-1829), s'attache à entourer la négociation des rentes de toutes les garanties propres à concilier les intérêts des parties et ceux du Trésor. Outre la déclaration reçue par l'agent de change, les vendeurs signeront désormais, au bureau des transferts, un certificat qui, classé dans les archives de la Dette inscrite, permettra de suivre la trace de l'opération et au besoin de la justifier auprès de la cour des comptes, en cas de perte de l'acte principal.

Le ministère Polignac lui-même a eu le mérite de faire le seul emprunt contracté en France au-dessus du pair.

Décrété par la loi du 19 juin 1828, cet emprunt montant à 80 millions fut effectué « avec concurrence et publicité », suivant les prescriptions des articles 2 et 3. Il fut réalisé en rente 4 o/o et soumissionné le 12 janvier 1830, par une maison de banque à 102 fr. 07 1/2.

Le livre des 4 o/o venait donc s'ajouter à ceux qu'avait fait ouvrir M. de Villèle.

IV

Du 1ᵉʳ avril 1814 au 31 juillet 1830, la Dette s'était élevée de 63,307,647 francs à 199,417,208 fr. Elle est garantie par la Charte constitutionnelle, qui déclare inviolable « toute espèce d'engagement pris par l'État envers ses créanciers. »

L'intronisation de la bourgeoisie, en la personne de Louis-Philippe, fait naître

dans le monde des spéculateurs des espérances qui se trahissent par une hausse portant le cours du 5 o/o de 99 fr. à 104 fr. et
celui du 3 o/o de 72 fr. à 79 fr.; mais ces
bonnes dispositions s'évanouissent, lorsque
le gouvernement est obligé de faire appel
au crédit. C'est à 84 fr. seulement qu'est
adjugé, le 19 avril 1831, un premier emprunt de 120 millions en rente 5 o/o.

On s'occupe alors de fournir aux transactions sur les fonds publics une valeur
dont la circulation facile se prête aux mouvements rapides de la spéculation.

« Rendre entre les mains du rentier la
propriété d'une inscription aussi mobile,
aussi facile à négocier ou à échanger qu'un
effet de portefeuille ou même des espèces », tel était le but qu'avait poursuivi
le baron Louis, mais que ses ingénieuses
créations étaient loin d'avoir atteint.

Avant lui, M. Corvetto avait tracé à cet
égard une marche destinée à préparer la
solution du problème.

En 1816, une maison de banque de Paris

avait été chargée par l'administration des finances de la vente des rentes françaises à l'étranger. Afin de faciliter la transmission de ces valeurs, les titres avaient été remis au Trésor, puis convertis en certificats à ordre ou au porteur revêtus du visa d'un délégué spécial et transférables par voie d'endossement.

Invoquant ce précédent, d'autres établissements émirent, dans la même forme et moyennant le dépôt préalable de leurs inscriptions, des *certificats de participation* qui portaient invitation de transférer à M... ou ordre telle partie de la somme de rente consignée, « lui en faisant en tant que besoin transfert et cession. »

Mais ce mode transitoire, nécessairement limité à certains groupes de capitalistes, ne répondait point aux besoins signalés au ministre, Jacques Laffitte, par d'incessantes réclamations.

L'ordonnance du 29 avril 1831 vient enfin donner satisfaction aux intéressés ; elle autorise les titulaires d'inscriptions nominatives à en demander la conversion en rentes au porteur.

Cette opération ayant pour objet d'affranchir le nouveau titre de toute justification de propriété, prend le caractère d'une véritable aliénation et nécessite en conséquence l'intervention d'un agent de change.

La rente ainsi transférée est portée au crédit d'un compte ouvert au Grand-Livre sous cette formule : *Trésor public, son compte de rente au porteur.*

La reconversion de rentes au porteur en inscriptions nominatives s'effectue, au contraire, sur le simple dépôt du titre, accompagné d'un bordereau indiquant exactement les nom et prénoms de la personne à inscrire.

L'inscription au porteur est munie de coupons représentant cinq années d'arrérages qui sont acquittés aux époques fixées pour les diverses natures de rentes 5, 4 1/2, 4 et 3 o/o. (Ord. du 10 mai 1831.)

Ces coupons constituent une monnaie

dont la circulation est indépendante des échéances auxquelles ils s'appliquent.

Le Trésor n'admettra donc pas la conversion en rentes au porteur de toutes les inscriptions nominatives frappées d'une cause légale quelconque d'immobilisation momentanée : cautionnements, majorats, remplois, dotalité; incapacité des titulaires; établissements publics ou religieux, mineurs ou absents.

La spéculation puisa dans cette importante innovation un élément d'activité suffisant pour contrebalancer l'effet des soulèvements continuels des partis, mécontents de ne pas trouver, sous le gouvernement du roi-citoyen, « la meilleure des Républiques » promise.

Le 5 o/o atteint presque le pair et les banquiers consentent à traiter à 98 fr. 50 pour l'emprunt de 150 millions contracté en 1832.

Mentionnons ici l'établissement d'un service spécial de contrôle, à la suite d'un détournement de fonds considérable, commis par le caissier central du Trésor, peu de temps après la Révolution de Juillet.

La loi du 24 avril 1833, article 4, dispose que « tout extrait d'inscription de rente immatriculée sur le Grand-Livre de la Dette publique, à Paris, devra, pour former titre valable contre le Trésor, être revêtu du visa du contrôle ».

Pour les inscriptions des livres auxiliaires tenus dans les départements, ce contrôle est exercé par les préfets.

En 1838, le 5 o/o étant à 111 fr. et le 3 o/o à 80 fr., les circonstances parurent favorables pour une conversion. Un projet fut, en conséquence, déposé à la Chambre des députés et discuté, avec une grande animation, du 17 avril au 3 mai.

On avait contesté, dans la presse, le principe même de la conversion qu'on qualifiait de banqueroute déguisée, en invoquant la loi du 9 vendémiaire an VI, aux termes de laquelle le tiers conservé était garanti contre « toute retenue présente ou future ».

Cette objection n'était pas sérieuse ; en laissant à son créancier l'option entre une réduction d'intérêt conforme au prix actuel de l'argent et le remboursement nominal de l'obligation qu'il avait consentie — c'est-à-dire 100 fr. pour 5 fr., — l'État ne faisait qu'exercer le droit conféré à tout particulier, par l'article 1911 du Code civil, de se libérer d'une rente perpétuelle « essentiellement rachetable ».

A la Chambre, deux systèmes étaient mis en avant :

Convertir au pair — ou en 4 o/o — afin de diminuer les arrérages de la Dette sans augmenter le capital.

Adopter, au contraire, un taux inférieur au pair — 3 1/2 o/o — dans le but de produire une économie annuelle plus forte, abstraction faite d'un capital dont le remboursement n'était pas exigible, et qu'on pouvait se dispenser de jamais effectuer.

A l'appui de la première thèse, Garnier-Pagès faisait valoir la contradiction qu'il y aurait à grossir le capital de la Dette, tan-

dis qu'on subventionnerait une caisse destinée à l'amortir.

Jacques Laffitte soutenait la seconde, en
invoquant la nécessité d'offrir au rentier
des avantages propres à lui faire accepter
la conversion.

Or, le 3 1/2 o/o à 83 fr. 33 c. était de
nature à le séduire, par la perspective d'une
hausse certaine qui compenserait la perte
d'une partie de son revenu.

Le fonds 4 o/o au pair se présenterait
dans des conditions beaucoup moins favorables: il se trouverait placé en dehors des
opérations de l'amortissement, dont les
achats contribuent à l'élévation des cours,
et tendrait plutôt à fléchir sous le poids
d'une menace de conversion.

Le cabinet n'avait point de préférence
pour l'un ou l'autre des modes proposés.
M. Lacave-Laplagne, ministre des finances,
demanda et obtint que le gouvernement
fût autorisé à les combiner dans la mesure
qu'il jugerait convenable et à procéder sur
les bases suivantes :

16

Faculté d'option, accordée aux rentiers, entre le remboursement du 5 o/o au pair et la conversion ;

Fixation du minimum de 50 centimes dans la quotité de la réduction de l'intérêt, et d'un maximum de 20 o/o dans l'accroissement du capital ;

Garantie, pendant douze ans, contre tout remboursement des rentes qui seraient délivrées au pair.

L'opération, embrassant 134 millions de rente 5 o/o, devait produire une exonération d'au moins 13 millions de dépense annuelle. Cependant la cour s'y montrait hostile et la Chambre des pairs donna satisfaction à ce sentiment en repoussant le projet de conversion. Trois autres tentatives, encouragées par la majorité parlementaire, échouèrent devant des résistances semblables.

Au mois de février de cette même année (1838), le ministre des travaux publics, M. Martin (du Nord), avait proposé un plan de construction par l'État d'un réseau de 375 lieues de chemin de fer, devant coûter environ 350 millions.

Le principe de la concession à l'industrie privée triompha ; mais le gouvernement ne s'en livra pas moins, de 1840 jusqu'à la fin du règne, à des travaux considérables qui, menés de front avec le développement des ressources de guerre, donnèrent lieu à trois nouveaux emprunts réalisés en 3 o/o à des cours· élevés : 78 fr. 52 1/2, — 84 fr. 75, — 75 fr. 22.

Sur l'emprunt de 250 millions adjugé à ce dernier taux à la maison Rothschild frères, en exécution de la loi du 8 août, 1847, une somme de 64.449.448 fr. avait été versée lorsque la révolution de Février éclata.

Ce capital représentait 2.569.413 fr. de rente 3 o/o qui portèrent à 244.287,206 fr. le montant de la Dette publique à la date du 1er mars 1848.

V

L'extension exagérée donnée aux engagements de le Dette flottante par le régime déchu créait à la République une situation difficile.

Indépendamment d'une masse énorme de bons du Trésor, les fonds provenant de versements faits aux caisses d'épargne formaient une créance exigible de 355.087.717 fr. 32, et pour y faire face, il ne restait en espèces que 65.703.620 fr. 40.

Ce faible encaisse fut consacré au remboursement des dépôts inférieurs à 80 fr.; le surplus des livrets fut consolidé par le décret du 7 juillet 1848, qui réduisit en même temps de 10 fr. à 5 fr. le minimum de rente inscriptible.

Cette mesure, appliquée simultanément aux bons du Trésor, imprima un mouvement considérable à la vulgarisation de la rente. 531.982 porteurs de livrets de caisses d'épargne vinrent s'ajouter sur les pages du Grand-Livre aux 291.808 parties existant déjà, et furent inscrits pour 19.618.747 fr. de rente 5 o/o à 71 fr. 60 c., avec compensation entre ce taux et celui de 80 fr. auquel était fixé le prix d'émission.

Ces rentiers malgré eux témoignèrent leur confiance au gouvernement en conservant pour la plupart leurs titres, malgré le bénéfice important qu'ils eussent trouvé dans une vente effectuée pendant la hausse qui se produisit ultérieurement. Le morcellement du sol, effet de nos premières conquêtes démocratiques, avait pour corollaire la diffusion de la rente parmi les classes laborieuses.

Deux émissions effectuées, l'une, par l'essai infructueux, qu'avait fait le régime précédent, d'une souscription nationale de 100 millions se résumant en un versement de 26.182.213 fr. et l'inscription de 1.309.104 fr. de rente, — l'autre, par l'attribution de 13.107.000 fr. de rente aux porteurs de certificats de l'emprunt de 1847;

Le rachat du chemin de fer de Lyon moyennant l'inscription de 6.811.244 fr. de rente 5 o/o;

La consolidation des bons du Trésor effectuée en rente 3 o/o s'élevant à 13.131.500 fr.;

L'indemnité de 6.000.000 de rente 5 o/o allouée aux colons dépossédés par l'abolition de l'esclavage ;

Accrurent de 48.670.391 fr. (soit en capital 973.407.820 fr.) le chiffre de la Dette consolidée, qui était de 239.304.527 fr. au 1er avril 1852.

L'institution philanthropique d'une Caisse de retraites pour la vieillesse (loi du 18 juin 1850) provoquant l'émission, au profit des souscripteurs, de rentes viagères constituées avec ou sans réserve d'un capital versé à un compte spécial tenu par la Caisse des Dépôts et Consignations, n'impose d'abord aucune charge au Trésor.

L'intérêt afférent aux sommes versées est calculé à 5 o/o.

Ces rentes, payables par trimestre, sont incessibles et insaisissables jusqu'à concurrence de 360 fr.

Elles sont inscrites au Grand-Livre d'après des bordereaux dressés tous les trois mois par la Caisse des Dépôts et Consignations, qui fait transférer en même temps à la Caisse d'amortissement une somme de rente perpétuelle correspondant aux rentes viagères attribuées aux souscripteurs.

VI

Le second Empire s'annonce, comme le premier, par un crime politique, par un mépris affecté des règles les plus essentielles du régime parlementaire.

En confisquant les biens de la famille d'Orléans, l'auteur du coup d'État avait alarmé la conscience et provoqué un sem-

blant de retraite de trois de ses collabora-
teurs : MM. de Morny, Rouher et Fould.
Au dernier avait succédé, aux finances,
M. Bineau, déjà choisi par le Prince-Pré-
sident pour ministre des travaux publics.
Ingénieur des Ponts et Chaussées, député
sous Louis-Philippe et à la Constituante,
il s'était fait remarquer par de sérieuses
qualités d'orateur et d'homme d'affaires.

Or, le 14 mars 1852, quinze jours avant
la rentrée du simulacre de représentation
nationale autorisé à siéger au Palais-Bour-
bon, M. Bineau annonce qu'il va être
procédé à la conversion du 5 o/o en
4 1/2 o/o.

Dans l'exposé qui accompagne son projet de décret, le ministre passe en revue
les mesures analogues accomplies par les
différentes nations.

L'Angleterre, de 1822 à 1844, réduit l'intérêt de sa dette de 5 o/o à 3 o/o ;

La Prusse, en 1842, la Belgique, en 1844,
ont transformé, l'une, sa rente 4 o/o en
3 1/2 o/o, l'autre, son 5 o/o en 4 1/2 o/o.

Seule, la France perpétue ses engagements dans les conditions les plus onéreuses. La grande entreprise de M. de
Villèle n'a produit qu'un résultat à peu
près nul. Trois tentatives faites dans le
même but, de 1838 à 1845, ont échoué devant la résistance du pouvoir.

Rien ne s'oppose plus à un dégrèvement
poursuivi depuis si longtemps : les bruits
de conversion maintiennent le cours de la
rente 5 o/o à 103 fr. 60 cent. ; mais le 3 o/o
se négocie à 68 fr. 60 c. et rapporte, par
conséquent, 4 1/2 o/o. Le pays est calme, la
situation prospère.

L'opportunité est évidente, le principe
hors de toute contestation : appliqué par
Sully et Colbert, il a pris place dans le
droit moderne, et la loi du 1er mars 1825
l'a consacré en garantissant le nouveau
fonds 4 1/2 o/o, pendant dix ans, « contre
l'usage du droit de remboursement. » On
en trouve une confirmation de plus dans
la loi du 10 juin 1833, qui permet d'affecter au remboursement de la Dette

une partie des fonds destinés à l'amortir.

L'État est donc autorisé à mettre ses créanciers en demeure d'opter entre un remboursement au pair et une réduction d'intérêt, appelée *conversion*.

En transformant successivement son 5 o/o en 4 o/o (1822) — le 4 o/o en 3 1/2 o/o (1830) — le 3 1/2 en 3 o/o (1844), l'Angleterre a tracé la voie en cette matière.

On ne peut que l'imiter et profiter d'une expérience qui a condamné le système de M. de Villèle. Il a eu le tort d'établir un taux fixe (75 fr.), une base arbitraire pour l'échange du 5 o/o contre du 3 o/o : les termes de la transaction doivent résulter de l'abaissement normal du prix de l'argent, appliqué naturellement à l'intérêt de la Dette nationale.

La conversion s'imposera aux rentiers, qui ne trouveraient pas l'emploi du capital remboursé ni dans le 3 o/o donnant un revenu moindre, ni dans les valeurs industrielles, dépourvues des garanties recherchées par les acquéreurs de rentes.

Le Trésor aura, d'ailleurs, pour satisfaire à des demandes nécessairement restreintes :

Un encaisse de 120 millions ;

150 millions d'obligations de chemins de fer à échéance déterminée ;

80 millions de bons du Trésor, dont le chiffre pourrait être plus que doublé ;

Enfin, éventuellement, l'émission de nouvelles rentes.

Le fonds 4 1/2 o/o sera doté de la part d'amortissement attribuée à l'ancien 5 o/o.

Appuyée sur ces considérations, la conversion est réglée par le décret du 14 mars 1852.

Les rentiers qui l'acceptent n'ont à faire aucune déclaration. Les nouveaux titres, expédiés d'office, sont échangés contre les anciens au fur et à mesure des transferts ou lors du paiement des semestres.

Les demandes de remboursement doivent être formées par les titulaires des inscriptions ou par leurs fondés de pouvoir. Les intéressés ont jusqu'au 2 avril, à minuit, pour en effectuer le dépôt. S'ils résident hors de France, mais en Europe ou en Algérie, ils jouissent d'un délai de deux mois, qui est porté à un an pour ceux en dehors de ces territoires.

Ces règles ne sont pas applicables aux rentes au porteur, dont la conversion n'est opérée que sur la production des titres.

Les fractions de franc non inscriptibles sont représentées par des bulletins de remboursement payables en même temps que les arrérages à la prochaine échéance.

La rigueur du décret du 14 mars est tempérée par celui du 18, offrant aux rentiers le moyen de compenser, dans une certaine mesure, la perte qu'ils doivent subir : ils ont la faculté de faire, à la Caisse des Retraites, des versements en rentes 5 o/o au pair, pour la constitution de rentes viagères dont le maximum était fixé à 600 francs. (1)

(1) Nous verrons plus tard les conséquences de cette première atteinte portée à l'esprit de la loi du 18 juin 1850.

En tranchant ainsi à l'improviste une question si longtemps débattue dans les anciennes chambres et à la discussion de laquelle il avait lui-même pris une part très active, M. Bineau voulait faire ressortir les avantages d'un gouvernement décidant, exécutant seul les mesures dont il appréciait seul l'opportunité.

Cette ardeur de prosélytisme avait nui à la clairvoyance du financier, qui endossait devant son pays une grave responsabilité.

L'échec réservé à une opération légèrement entreprise, sans une enquête suffisante sur la solidité des cours relevés à la Bourse, devait entraîner un véritable désastre qui ne fut conjuré que grâce au concours puissant apporté, au moment du péril, par un groupe de personnages influents de la haute banque.

Une fois le danger passé, l'application du décret ne laissa rien à désirer.

Les demandes de remboursement déposées tant à Paris que dans les départements s'élevèrent à 1.936.783 fr. de rente 5 o/o, au capital de 38.735.660 fr.

Un arrêté du 3 avril 1852 pourvoit au paiement de cette somme, portant intérêt à 5 o/o du 22 mars jusqu'au jour du règlement effectué par le Trésor.

Les rentes 5 o/o qui se trouvaient soumises à la conversion montaient à . . . .   175.664.010 fr.

La somme des inscriptions 4 1/2 o/o délivrées en échange était de 158.097.609

Le résultat de l'opération était donc une réduction de   17.566.401 fr.

Encadrons dans un chapitre spécial cet acte remarquable et passons à une série de phénomènes économiques qui caractérisent plus exactement l'administration impériale.

VII

Jusqu'ici, l'emprunt nous apparaît comme un fait accidentel provoqué par des nécessités rigoureuses, entravé souvent par de grandes difficultés d'exécution.

A partir de 1852, l'emprunt prend un tout autre aspect : il devient une règle, un système de gouvernement tendant à substituer, dans le pays, le culte des intérêts matériels au souci de la dignité politique.

Secouant le joug des maisons de banque, rompant avec les traditions du marché sur soumissions cachetées, le ministre puise directement dans la bourse des citoyens.

A l'inverse de M. Corvetto qui, en 1818, repoussait les demandes inférieures à 5,000 fr. de rente, il déclare irréductibles les souscriptions de 50 fr., puis de 10 fr. et enfin de 5 fr. : qu'on laisse venir à lui les petits capitaux !

Alors on voit la foule accourir avec un empressement toujours croissant, camper la nuit aux abords des bureaux de souscription, en attendant l'heure de l'ouverture des guichets d'où coule la source de profits périodiques de plus en plus appréciés.

Des récépissés provisoires, moyennant un infime versement de garantie, sont immédiatement vendus avec prime à des courtiers qui les repassent à des accapareurs, en prélevant à leur tour un salaire.

Le banquier n'est plus en scène, il se tient dans la coulisse. Au lieu de l'agiotage tumultueux de la Régence, on a une rue Quincampoix stagnante, alimentant une spéculation détournée qui sait préparer la hausse à la Bourse, pour y jeter à son heure les certificats achetés à bas prix.

La vulgarisation ne progresse pas ; la moyenne des inscriptions reste stationnaire.

Il est assurément loin de notre pensée de combattre la souscription publique, le mode le plus régulier de l'appel au crédit dans une société démocratique ; mais on ne saurait nier que les sollicitations répétées d'un lucre facile et malsain ne soient de nature à semer dans le peuple des germes de démoralisation.

Or, en dix-huit mois, trois opérations de l'espèce nous font payer 1.500 millions le succès éphémère de la guerre de Crimée :

Emprunt de 250 millions (décret du 14 mars 1854) ;

Emprunt de 500 milions (décret du 31 mars 1854) ;

Emprunt de 750 millions (décret du 14 juillet 1855).

La campagne d'Italie fournit à son tour l'occasion d'un emprunt de 500 millions (décret du 31 mai 1859).

La guerre est un dérivatif puissant ; mais le rétablissement de la paix a l'avantage de permettre de grands travaux qui donnent lieu à deux nouvelles émissions :

Emprunt de 300 millions (décret du 12 janvier 1864) ;

17

Emprunt de 429 millions (décret du 1er août 1868).

Les habiles avaient appris à calculer dans quelle proportion ils devaient grossir leurs souscriptions, pour que la répartition leur donnât la somme de rente voulue ; le premier emprunt n'avait pas réuni le double du capital demandé ; le cinquième était couvert trente-quatre fois !

Rien de plus naturel, dès lors, que de faire d'un appel de fonds un appel au peuple dans lequel le suffrage s'exprimait en valeurs monnayées, et de prêter au langage des écus une affirmation dynastique.

Deux ans plus tard, la triste réalité vint montrer le néant de ces fictions ; on recueillait péniblement le montant de l'emprunt de 750 millions (décret du 19 août 1870) qui précède la catastrophe suprême.

Cette accumulation de millions s'était formée, sauf une faible partie, dans le fonds 3 0/0, qui jouissait particulièrement de la faveur du public. Mis à même de choisir dans les premiers emprunts, il avait à peu près délaissé le 4 1/2.

En 1862, M. Fould avait habilement exploité cette prépondérance acquise au 3 0/0.

Dans un rapport du 21 janvier, où il accusait un découvert de 963 millions, il proposait d'atténuer ce déficit au moyen de la combinaison suivante :

Offrir aux propriétaires de rentes 4 1/2 0/0 une somme égale en rente 3 0/0, contre versement d'une soulte calculée d'après l'écart existant entre les deux fonds, au moment où l'échange s'accomplirait.

Le ministre évaluait à 300 millions environ les ressources que devait procurer au Trésor cette opération, non moins avantageuse aux rentiers, selon lui.

D'abord, les arrérages des nouvelles inscriptions seraient payés par trimestre ; ensuite, les titulaires trouveraient, dans l'accroissement rapide de la valeur du 3 0/0, devenu la base unique de la spéculation, une large compensation au léger sacrifice qui leur serait imposé.

En consultant la cote de la veille, 20 janvier 1862, on voyait que le 3 o/o étant à 67 fr. 90 c., 1 fr. de rente coûtait   23 fr. 30 et qu'au cours de 98 fr. 32 c., 1 fr. de rente 4 1/2 valait   21   84

D'où ressortait, entre les deux prix, une différence de......... 1 fr. 46

A l'appui du projet qu'il déposa au Corps législatif le 28 du même mois, le ministre établissait que le porteur de rente 4 1/2 o/o qui voudrait faire à la Bourse l'échange — l'*arbitrage*, comme on dit, — entre cette rente et le 3 o/o, aurait à dépenser, par chaque franc de rente 4 1/2 o/o, 7 fr. auxquels il convenait d'ajouter 1 fr. pour conpenser le défaut de concordance entre la jouissance des deux fonds (mars et septembre pour le 4 1/2 — juin et décembre pour le 3 o/o.)

De son côté, l'État supporterait une perte égale en effectuant une conversion pure et simple.

Une transformation opérée au-dessous

du prix de 8 fr. donnerait satisfaction aux deux parties intéressées.

Car le rentier ne devait pas oublier que le délai de dix ans, pendant lequel le 4 1/2 0/0 avait été garanti contre l'usage du droit de remboursement, allait expirer le 14 mars 1862 ; qu'en abandonnant une valeur soumise à cette éventualité et, par là même, peu susceptible d'amélioration, pour un fonds dont l'élasticité l'avait désigné au choix de la spéculation, le titulaire ferait œuvre de prévoyance et se ménagerait une augmentation certaine de revenu.

Pour le Trésor, le bénéfice de la transaction consisterait dans une atténuation importante du découvert signalé, dans la plus-value donnée au 3 0/0 entraînant une réduction générale du taux de l'intérêt, propre à seconder les efforts déjà faits pour la prospérité du pays.

Un autre effet de la mesure serait de substituer le paiement trimestriel aux échéances des 22 mars et 22 septembre,

« qui procédaient du calendrier républicain et correspondaient au 1ᵉʳ germinal et au 1ᵉʳ vendémiaire. »

Le gouvernement se réservait le droit de fixer par un décret le montant de la soulte d'échange, ainsi qu'on procédait pour « toutes les lois autorisant des emprunts, » assimilation qui trahissait la pensée du ministre sur le caractère réel de l'expédient auquel il avait recours, en s'affranchissant de toute stipulation d'intérêts envers les prêteurs.

On exercerait sur le capital nominal des nouvelles rentes 3 o/o un prélèvement d'un centième destiné à en assurer l'amortissement.

Enfin, les porteurs d'obligations trentenaires qui voudraient en effectuer l'échange seraient affranchis des conditions de la soulte, dont le versement serait représenté par la renonciation aux avantages attachés au mode particulier d'extinction de cette sorte de créances.

M. Gouin, rapporteur de la commission

chargée d'examiner le projet de loi, ne fit, naturellement, que reproduire les arguments contenus dans l'exposé des motifs. Il invoquait, pour justifier la combinaison adoptée, la conversion de 1825, répudiée par M. Bineau comme une opération mal conçue et n'ayant laissé aucun résultat.

Il mettait un soin visible à exciter parmi les rentiers la crainte salutaire d'un remboursement chimérique, qui ne donnerait au créancier que 100 francs pour 4 fr. 50, tandis qu'on offrait une rente égale en 3 0/0, au capital nominal de 150 francs, moyennant une simple soulte de 6 francs peut-être, inférieure de 2 francs à la somme correspondant à la différence des cours.

Moins ambitieux que le ministre, il évaluait à 150 millions environ les ressources que cet arrangement fournirait au Trésor.

Ce plan, adopté malgré de vives critiques de la part des membres de la minorité de la Chambre, fut consacré par la loi

17

du 12 février 1862. Le décret du même jour qui en réglait l'exécution, fixait ainsi le montant de la soulte à verser pour l'échange des titres de rente 4 1/2 et 4 o/o contre des inscriptions 3 o/o de création nouvelle :

5 fr. 40 pour 4 fr. 50 de rente 4 1/2 o/o;
1 fr. 20 — 4 fr. — 4 o/o.

La libération avait lieu en six termes, échelonnés du 1er juillet 1862 au 1er octobre 1863. Elle pouvait être partiellement ou intégralement anticipée, avec bonification d'un intérêt de 4 o/o par an. Ce n'était qu'après avoir complètement rempli l'engagement souscrit, que les ayants-droit étaient mis en possession de leur inscription portant jouissance du 1er avril 1862 et payable par trimestre.

Les déclarations relatives à l'échange devaient être faites dans un délai de vingt jours qui ne fut pas rigoureusement maintenu.

Le rapporteur avait rappelé avec raison la conversion de 1825, car le ministre en fit déplorablement revivre les traditions. Jamais la pression n'avait été poussée plus loin ni plus savamment organisée.

En enlaçant le rentier dans un réseau d'influences de tout ordre; en obligeant les comptables, devenus prêteurs sur gage, à lui faire des avances de leurs fonds particuliers; en tenant suspendue sur la tête du créancier une menace de remboursement irréalisable, on réussit à grever son revenu d'une soulte qui s'est élevée à 157.760.760 francs.

Les rentes 4 1/2 o/o montaient à. . . . . . 175.422.452 fr.

Il en fut annulé, par la conversion, pour . . 135.255.410

Solde du fonds non converti 40.167.042

Cet emprunt déguisé avait pour effet d'augmenter de 1.600 millions le capital de la Dette, dont les arrérages atteignaient, au 1er janvier 1871, le chiffre de . . . . 386.222.343 fr.

Report . . . .   386.222.343 fr.

Les émissions anté-
rieures à 1852 étant de. .   239.304.527

L'aggravation immé-
diate provenant de l'Em-
pire ressort à la somme
de. 146.917.816

Nous disons « immédiate », car après la
mort de ce régime qui avait vécu d'emprunts pratiqués sous toutes les formes,
l'emprunt s'impose encore pour la plus
douloureuse des liquidations.

VIII

Le 24 octobre 1870, un emprunt de 250
millions, ratifié par décret du lendemain
25 octobre, a été contracté entre le délégué du gouvernement de la Défense nationale et MM. J. S. Morgan et Cᵉ, banquiers
à Londres.

de 500, 2.500, 12.500 et 25.000 francs auxquelles était attaché un intérêt annuel de
6 o/o, furent émises par une souscription
publique ouverte en France et en Angleterre. Les arrérages en étaient payables
par semestre les 1er avril et 1er octobre.

Un remboursement au pair, effectué au
moyen d'un tirage annuel commençant le
1er avril 1873, devait amortir ces obligations en trente-quatre ans ; mais le gouvernement se réservait la faculté d'abré-
ger ce délai en prévenant son créancier,
par un avis inséré six mois à l'avance dans
le *Journal officiel* et dans le *Times*, qu'il
était disposé à se libérer intégralement
envers lui.

Cette clause prudente a été depuis mise
à profit. *L'emprunt Morgan* a été remboursé aux prêteurs moyennant une
avance de 14.541.780 francs de rente 3 o/o
faite par la Caisse des Dépôts et Consignations sur son « Compte d'emploi des
fonds des caisses d'épargne ». Le service
des intérêts à 4 o/o et l'extinction du ca-

pital de la rente ainsi fournie, sont assurés par une annuité de 17.300.000 francs inscrite au budget à partir de 1876 (loi du 31 mai 1875).

Cette mesure fut complétée par le décret et l'arrêté du 5 juin suivant, qui réglaient le remboursement ou la conversion de chaque obligation de 30 fr. en une quotité égale de rente 3 o/o.

Une soulte de 124 fr. payable du 1ᵉʳ juillet au 31 août, compenserait la différence existant entre les deux valeurs.

Elle a produit 66.839.849 fr. 33 centimes.

C'était la combinaison de M. Fould appliquée par M. Léon Say; mais dans d'autres conditions et par d'autres procédés.

Les 250 millions réalisés par le gouvernement de la Défense nationale étaient destinés à soutenir une guerre qui devait replacer la France dans la situation où nous l'avons vue en 1815. Le second Empire, qui avait commencé comme le premier, avait la même fin tragique.

L'occupation du territoire était encore

le gage d'une rançon fixée, cette fois, à 5 milliards.

L'œuvre difficile de la libération est commencée par l'ouverture d'un emprunt de 2 milliards, accrus d'une somme de 225.994.045 fr. affectée aux dépenses matérielles de l'opération (loi du 20 juin 1871).

Un décret du 23 du même mois stipule que l'émission aura lieu, au taux de 82 fr. 50, en rente 5 o/o payable par trimestre, les 16 février, 16 mai, 16 août et 16 novembre.

Quatre jours — du 27 au 30 juin inclusivement — sont accordés pour la souscription publique, qui sera close dès que l'emprunt aura été couvert.

La réduction proportionnelle ne s'appliquera qu'aux demandes déposées au jour de la clôture ; le Trésor remboursera celles qui seront faites postérieurement.

L'échelle des quotités admissibles est graduée du minimum de 5 à 10 fr., et au-dessus de cette somme, par multiples de 10 fr.

Le versement de garantie est de 12 fr. par 5 fr. de rente.

La même somme est acquittée après la répartition,

Le complément de la souscription se divise en seize termes.

Les coupures irréductibles de 5 fr. s'élevèrent à 454,670 fr. au capital de 7,502,055 francs émanant de 90,934 souscripteurs.

Les souscriptions réductibles atteignirent le chiffre de 296,367,090 fr. de rente représentant un capital de 4,890,056,985 francs versé par 240.972 parties.

Les demandes dépassaient donc de 2,671,564,995 fr. la somme déterminée par la loi d'emprunt, qui avait autorisé en outre les déposants de caisses d'épargne à prendre part à la souscription pour le montant de leurs livrets. Ils reçurent 4,066,565 fr. de rente au capital de 67 millions 098,322 fr. 50.

Les mêmes dispositions furent adoptées pour l'emprunt de 3 milliards décrété par la loi du 15 juillet 1872, qui fixait à 498 millions 744,639 fr. les frais de l'opération.

Les rentes 5 o/o étaient émises à 84 fr. 50.

Deux jours seulement — les 28 et 29 juillet — étaient consacrés à la souscription publique.

14 fr. 50 devaient être versés par 5 fr. de rente à titre de garantie.

La libération des certificats avait lieu en vingt termes.

Le nombre des souscripteurs fut de 934,276, ainsi divisés :

381,415 demandes irréductibles s'élevant à 1,907,075 francs de rente au capital de 32,229,867 francs 50 centimes.

552,861 demandes réductibles s'élevant à 2,590,761 fr. de rente au capital de 43 milliards 783,866,984 fr.

Les souscriptions dépassaient donc la somme à réaliser de 40,317,351,912 fr. 50, qui furent rejetés par la répartition.

Gardons-nous de trop voir dans ce magnifique résultat un pur mouvement de patriotisme, une adhésion éclatante au régime établi : la spéculation y trouvait certainement son compte, car 107.615 étrangers avaient contribué pour 26 milliards à cet immense succès. Mais admirons la confiance qu'inspiraient au monde entier l'honnêteté et la vitalité d'une nation humiliée, écrasée sous le poids de charges extraordinaires qu'on a évaluées à 9 milliards 287 millions. Rendons hommage à la sagesse de l'homme qui présidait alors à ses destinées, à la dextérité du ministre qui a su faire passer sans secousse à l'étranger les sommes colossales formant le prix de notre libération.

IX

La Dette publique tient un rang à part au milieu des institutions de notre pays.

Chaque régime y apporte son contingent et la transmet grossie à son successeur, qui l'accepte religieusement et la déclare inviolable par un article de sa constitution.

De loin en loin, une opération plus ou

moins réussie réduit dans une infime proportion le service des arrérages ; mais si elle augmente parfois le capital — comme celle de M. Fould, — elle ne le diminue jamais.

Il y a même une école de financiers pour laquelle le capital de la Dette est un mythe qu'il convient de laisser dans les nuages, en ne considérant que les économies réalisables sur le paiement des intérêts.

C'est la théorie de la Dette littéralement *perpétuelle*.

Il existe, il est vrai, une Caisse particulière que nous avons vu fonder en 1749, par M. de Machault, et qui doit opérer l'extinction des rentes dans un temps déterminé, — caisse sans cesse suspendue, rétablie, supprimée, liquidée et réorganisée pour être suspendue de nouveau.

Cette caisse intermittente se nomme la Caisse d'amortissement.

Voici la combinaison sur laquelle repose la fonction de ce grand établissement.

18

L'État, obligé d'emprunter dans un jour de détresse, émet des rentes à un taux nécessairement bas.

La situation s'améliore, une hausse se produit.

Alors l'État rachète ces mêmes rentes qu'il fait inscrire au nom de son utile auxiliaire, lui paie des arrérages bientôt employés à de nouvelles acquisitions et va toujours ainsi, multipliant le chiffre de ses pertes par le nombre de ses opérations.

A l'époque où cette invention anglaise, due au docteur Price, fut importée en France, l'intérêt composé (1) couvrait de sa puissance une fiction économique qui a longtemps gardé son prestige.

La Restauration en avait fait l'objet d'un culte plus fervent que lucratif ; elle amortit 16.020.094 fr. de rente.

----

(1) On a calculé que 1 o/o, ajouté à l'intérêt d'un emprunt et grossi au fur et à mesure des échéances par les intérêts des intérêts, suffisait pour amortir le capital en trente-six ans.

Impuissant, pendant la dernière moitié
du règne, à équilibrer un seul de ses budgets, le gouvernement de Louis-Philippe
n'en était pas moins possédé de la ma-
nie de l'amortissement, sauf à rejeter
sur la Dette flottante le poids écrasant
d'une masse de créances exigibles. Les
annulations de rentes provenant de ce
chef atteignirent le chiffre de 32 millions.

La République de 1848 a racheté 28
millions 622.606 fr. de rente.

Sous l'Empire, on ne constate qu'une
annulation de 6.775.363 fr. de rente de 1852
à 1871, date à laquelle l'amortissement a
cessé d'agir.

L'Angleterre n'a pas conservé, aussi
longtemps que nous, ses illusions sur le mérite de la pratique qu'elle avait mise en honneur; elle est même devenue profondément
sceptique à cet égard. — Il y a cinquante
ans, elle proclamait déjà la nécessité de restreindre l'amortissement à l'emploi des
excédents de recettes.

C'était une sage résolution.

Mais tout ministre des finances se préoccupe justement du sort d'un fonds budgétaire en butte aux compétitions des intérêts les plus pressants : dégrèvements, voies de communication, instruction publique, etc. M. Léon Say éprouvait plus vivement qu'aucun autre ce légitime souci. Pour lui, la perpétuité de la Dette érigée en dogme n'est pas autre chose que la doctrine de la banqueroute à échéance indéterminée.

Aussi, lorsqu'il fut appelé à fournir les moyens de réaliser le vaste plan conçu par M. de Freycinet, s'attacha-t-il à donner un caractère essentiellement temporaire à l'emprunt de 500 millions qu'il proposait afin de pourvoir à un commencement d'exécution. La forme de l'obligation adoptée par les Compagnies de chemins de fer lui parut se prêter le mieux à la combinaison qu'il avait en vue.

Le 7 février 1878, M. Léon Say déposa un projet qui, consacré par la loi du 11 juin suivant, a donné naissance à la rente 3 0/0 amortissable.

Aux termes du décret du 16 juillet de la même année, les rentes dont l'inscription au nouveau Livre était ainsi autorisée se divisent en 175 séries, remboursables en 75 ans, au moyen d'un tirage au sort fixé au 1er Mars de chaque année, et entraînant une dépense de 25 millions.

Le minimum de rente inscriptible est fixé à 15 fr.;

Les titres de rente peuvent être, au choix des parties, nominatifs, comportant toute somme de rente formée des multiples de 15 fr., ou au porteur, classés par coupures fixes.

Un arrêté ministériel du même jour substituait, dans le portefeuille du Trésor, aux 50.673 obligations trentenaires restant disponibles, une somme de 1,013,460 fr. de rente 3 0/0 amortissable, pour être négociée au cours de la Bourse, par l'intermédiaire des agents de change.

Cette première opération effectuée à la Bourse du 17 juillet 1878, servit à déterminer le taux de la nouvelle valeur, qui s'éleva à 81 fr. pour 3 fr. de rente : soit 405 fr. pour chaque coupure de 15 fr. remboursables à 500 fr.

On crut y voir l'intention de procéder par de faibles émissions portées sur le marché au fur et à mesure des besoins signalés ; d'ouvrir, en un mot, selon une expression non moins exacte que pittoresque le « robinet » du 3 o/o amortissable, dont l'écoulement intermittent devait initier peu à peu le public aux avantages d'un placement qui heurtait les habitudes du rentier, de la clientèle sérieuse de l'Etat. L'appel direct au crédit serait réservé pour les cas exceptionnels où les manifestations des capitaux peuvent exercer une action utile sur l'opinion.

Or, dans la pensée du Ministre, la mise en vente d'un lot-spécimen des rentes créées par lui n'avait d'autre but que de provoquer la fixation du prix qu'y attachaient

les intéressés eux-mêmes, dans une sorte
d'adjudication à laquelle présidait le syn-
dic des agents de change. Mais une fois
cette base obtenue, il entendait que le 3 o/o
amortissable fût mis à la portée de l'É-
pargne, aux guichets du Trésor à Paris et
dans les départements, non pas cependant
par une émission en bloc, ouverte à un
jour donné et close peu après. L'opération
consisterait, au contraire, à livrer d'une
manière continue, en les prenant dans les
réserves du Trésor, les titres qui lui seraient demandés.

L'exécution de ce programme rationnel
ne répondit pas suffisamment, peut être, à
la méthode dont il impliquait l'emploi. Au
lieu de s'attacher, comme on l'annonçait,
à pénétrer progressivement toutes les cou-
ches de l'épargne par une infiltration lente
et sûre, on donna au premier essai d'une
idée réformatrice l'apparence d'un véritable emprunt. La négociation entreprise
par voie administrative, le 12 août 1878,
porta sur une masse de rentes corres-

pondant à un capital de 77 millions.

Les transactions journalières se faisaient au cours moyen de la veille, d'après la cote officielle.

Les acquéreurs avaient la faculté de souscrire pour une ou plusieurs unités de 15 fr. dans chacune des 175 séries, de manière à s'assurer autant de primes de remboursement à tous les tirages qui devaient se succéder pendant 75 ans.

Si ingénieuses, si favorables que fussent ces dispositions, elles allaient à l'encontre des sentiments de quiétude, de stabilité dont le besoin domine principalement dans le monde des rentiers. La loi avait beau investir le nouveau type d'inscription de tous les privilèges conférés à l'ancien: insaisissabilité, placements dotaux, etc., il était difficile qu'elle conciliât, dans des esprits mal préparés, l'idée d'un contrat perpétuel avec celle d'une obligation aléatoire.

On ne comprenait pas encore que cette forme de titre, avec ses chances périodiques d'accroissement, se prête autant qu'aucune autre à la bonne administration du père de famille. Elle comporte, en effet, les ventes partielles, les réunions, divisions, toutes les clauses restrictives dictées par la prévoyance ; et si l'inscription classée dans une série sortie au tirage est grevée d'une condition de remploi, c'est au notaire ou à l'agent de change chargé de l'effectuer que le Trésor rembourse le capital de la rente amortie.

La prime attachée à l'opération n'était donc qu'un avantage de plus offert au public, dont l'hésitation ne résisterait pas à l'expérience des faits, pendant la souscription des 326 millions destinés à compléter l'emprunt de 439.878.547 fr. Mais au lieu d'être scindée dans les proportions prévues, l'émission s'accomplit en une seule fois le 21 septembre et fut déclarée close par une note insérée à l'*Officiel*.

Les 16.495.500 fr. de rente correspondant à l'intégralité furent répartis entre les 175 séries, à raison de 94.260 fr. par série. Aux cinq tirages effectués de 1879 à 1883, le sort a désigné, pour être remboursées au pair (500 fr.), les 116ᵉ, 8ᵉ, 174ᵉ, 163ᵉ et 156ᵉ séries.

Pour couvrir les dépenses engagées et faire face aux besoins ultérieurs, M. Magnin, qui avait succédé à M. Léon Say, jugea nécessaire de réaliser un emprunt d'un milliard. (Décret du 7 mars 1881.) Abandonnant le mode de fractionnement tenté par son prédécesseur dans le but de faciliter le classement des rentes, il reprit le système de l'émission en bloc, exécuté aussi rapidement que possible. Ouverte le 17 mars à 9 heures du matin, la souscription publique devait être close le même jour à 5 heures.

Les rentes étaient livrées à 83 fr. 25 c. par 3 fr. de rente, c'est-à-dire 416 fr. 25 c. par coupure de 15 fr. de rente, payables par cinquièmes, dont le premier serait versé immédiatement, comme garantie de la souscription, soit en numéraire, soit en titres de rente ou de toutes autres valeurs émises par le trésor national.

Cette dernière faculté accordée aux capitalistes, rendait infaillible le succès de l'opération.

Une somme représentant 528,633,270 fr. de rente fut en effet versée par 315,445 souscripteurs, qui ne reçurent que 6 % du montant de leur demande, dans le travail de réduction proportionnelle.

Une opération aussi prompte ne contribua que faiblement à la diffusion du nouveau fonds, qui demeurait soumise en grande partie au mouvement de la spéculation.

X

Au 31 décembre 1881, le montant de la Dette se décompose ainsi qu'il suit :

FONDS	NOMBRE de parties	MONTANT des Rentes	MOYENNE par inscription
5 p. 100	2.244.861	342.388.441	154 fr. 13
4 1/2 p. 100	169.035	37.442.235	220 24
4 p. 100	883	446.096	502 92
3 p. 100	1.478.423	363.038.988	246 04
3 p. 100 amortissable	3.893.202	743.315.760	
	155.488	18.379.080	
	4.048.490	761.694.840	

A cette multiplicité de fonds correspond une égale variété de formes. Une inscription peut être :

Nominative, c'est-à-dire mentionnant les nom, prénoms et qualités du propriétaire ;

Au porteur, sans autre désignation qu'un numéro d'ordre, avec l'indication du montant annuel et de chacune des échéances de la rente ;

Mixte ou nominative avec coupons d'arrérages au porteur. (Décret du 18 juin 1864.)

Enfin, l'inscription nominative sera à son tour *directe* ou *départementale*, selon qu'elle aura été portée au Grand-Livre tenu à la Direction centrale ou à l'un des livres auxiliaires confiés aux Trésoriers généraux.

Il existe, en outre, des *Comptes-courants*, annexes du Grand-Livre, affectés à des inscriptions dont la mobilité incessante donne lieu à des écritures particulières. Ils sont au nombre de 191.

On a beaucoup discuté sur les avantages ou les inconvénients que présente la diversité des natures de rentes.

Il est difficile de s'en tenir aux seules données de l'expérience, car le ministre qui, en 1825, a détruit l'unité de la Dette, et celui qui, en 1862, s'efforçait de la rétablir, ont laissé des souvenirs également funestes au crédit public. C'est qu'ils poursuivaient l'un et l'autre un but immédiat, sans se préoccuper des conséquences de leurs procédés contraires.

Par sa conversion facultative du 5 0/0, M. de Villèle ouvrait aux porteurs de ce fonds le Livre du 3 0/0, qui perdait ainsi le caractère exclusif d'un répertoire des indemnisés de l'émigration.

En effectuant la conversion facultative du 4 1/2 0/0, M. Fould faisait contribuer les rentiers, pour 158 millions, à la réduction du chiffre inquiétant de la Dette flottante.

Les deux opérations se recommandaient moins par la loyauté que par l'habileté des moyens. Les audaces politico-financières de la Restauration sont déjà loin de nous ; mais les victimes de l'expédient pratiqué par le ministre de l'Empire se demandent si la République leur fera subir le même sort. La terreur inspirée par ce fâcheux précédent alarme les intérêts chaque fois que les bruits de conversion prennent de la consistance.

Sans cesse annoncée comme imminente, cette mesure rencontre toujours des obstacles imprévus. Lorsqu'elle pourra être réalisée, devra-t-elle marquer un retour vers l'unification de la Dette ?

Suivant une appréciation émise dans la controverse soulevée en 1878, l'adoption d'un seul type de rente est « une grosse erreur, qui a pris naissance dans la première Révolution et qui a été patronnée par Cambon. »

Ce jugement nous semble formulé en termes un peu absolus.

Pour fondre en un tout homogène l'amas confus de créances accumulées pendant près de trois siècles d'arbitraire, Cambon avait en effet pris l'UNITÉ comme base de la liquidation opérée par ses soins.

Le Grand-Livre devenait le titre unique des créanciers de l'Etat ;

Chacun d'eux y était inscrit en un seul et même compte et il ne pouvait être délivré qu'un extrait de cette inscription ;

Le taux de cinq pour cent était l'intérêt uniforme attribué au capital.

C'est par l'application de cette règle que le Conventionnel avait substitué au chaos financier de l'ancien régime une Dette régulière et nationale. Et telle est la contagion de l'erreur, surtout d'une « grosse erreur », qu'aujourd'hui le Grand-Livre est encore considéré comme le titre unique et fondamental des rentiers ; que l'unité de compte est encore invoquée par l'autorité administrative comme un principe d'une utilité pratique ; que des financiers d'une compétence reconnue proclament la nécessité d'un retour aussi prompt que possible à l'unification de la Dette.

Cette théorie peut être contestée ; mais la mesure prise à l'origine reposait sur une idée juste et réalisa un immense progrès.

Les conseils, d'ailleurs, n'ont pas manqué au ministre, à l'époque où on le supposait prêt à prendre une détermination : des voix autorisées s'élevaient de toutes parts pour lui tracer la marche qu'il devait suivre.

Adversaire décidé de l'unité, M. Leroy-Beaulieu, directeur de l'*Economiste*, proposait de remplacer le 5 o/o par du 4 1/4, taux auquel se capitalisait alors le crédit de l'État. Il obtenait une réduction de 51 millions sur les intérêts payés annuellement.

Dans le traité très complet qu'il a publié sur cette question délicate, M. Labeyrie, tout en professant les mêmes idées, demandait qu'on usât de générosité envers les rentiers, et qu'au lieu de cette suppression juste, mais sévère, de 15 o/o de leur revenu, on se contentât d'abord d'un dixième. Le mieux était donc, selon lui, de recommencer la conversion de 1852 en 4 1/2 o/o, en limitant toutefois à cinq ans la garantie accordée contre une nouvelle réduction.

M. Germain, dans la discussion du budget de 1879, exprimait à l'égard des rentiers un sentiment plus bienveillant encore. Dévoué à leur cause non moins qu'à celle de l'unification, il proclamait la nécessité de les préserver de tout amoindrissement de leur capital. Pour se montrer équitable envers eux, on leur offrirait en échange de 5 fr. de rente 5 %, 4 fr. 50 en 3 % expressément mis à l'abri de toute conversion jusqu'à ce qu'il fût coté au-dessus du pair.

L'Etat se déchargerait ainsi de 34 millions d'arrérages ; mais il aggraverait sa Dette de 2 milliards 300 millions, afin que ses créanciers fussent absolument indemnisés.

Partisan aussi de la conversion en 3 o/o, M. Perrin prétendait que le cours de ce fonds, au jour fixé pour l'opération, devait seul déterminer la quotité de rente représentative de 5 fr. en 5 o/o.

D'après M. Marion, député de l'Isère, le 3 o/o amortissable était le meilleur cadre où l'on pût faire entrer nos 342 millions de 5 o/o, dont l'extinction se trouverait ainsi assurée par des ressources spéciales.

Pendant les vacances parlementaires, M. Gambetta prononça à Romans, le 18 septembre 1878, un discours qui imprima aux idées une direction opposée.

« — Non, disait-il, je ne laisserai pas
» léser, pour faire la conversion de la
» rente, les porteurs qui sont venus avec
» confiance à la République en apportant

» leur argent pour la défense du territoire.
» Il faut qu'il s'écoule un temps moral et
» matériel avant de toucher à cette ques-
» tion, afin que l'État ne paraisse pas abu-
» ser de ses droits. »

Cependant lorsque le grand orateur,
appelé le 14 novembre 1881 à former un
cabinet, choisit pour collaborateur aux
finances M. Allain-Targé, le monde des
spéculateurs fut loin de se montrer ras-
suré.

Des bruits contradictoires pesaient lour-
dement sur les transactions ; la cherté ex-
ceptionnelle des Reports (1) ajoutait aux
embarras d'une Liquidation (2) toujours difficile à cette époque de l'année.

---

(1) Le Report consiste à placer ses fonds en achetant au
comptant une certaine quantité de rentes ou d'autres effets
publics, et en les revendant de suite à terme.

La différence entre le prix d'achat au comptant et celui de
la vente à terme constitue le prix du Report. C'est l'intérêt
d'un prêt garanti par un nantissement en titres.

(2) Règlement général des marchés à terme conclus sur
la place. La liquidation a lieu le 1er et le 15 de chaque
mois.

L'agitation ainsi répandue dans un milieu spécial, mobile et impressionnable au plus haut point, paralysait le sentiment de confiance que devait inspirer une prospérité réelle, attestée par de constantes plus-values budgétaires.

La peur est mauvaise conseillère ; ce n'est pas précisément la logique qui guide le simple rentier dans ses relations avec la Bourse. Un mouvement de baisse accentué le pousse à se défaire d'un titre acheté dans une période de hausse et à employer le capital réalisé à l'acquisition de valeurs cotées à des prix souvent excessifs.

Les fonds publics avaient donc suivi cette loi invariable, constatée par l'observation. Le 5 o/o, parvenu naguère au cours de 120, laissant entrevoir celui de 125 et, dans le lointain, l'inévitable Conversion, était descendu d'abord à 116 ; puis, en huit jours, il avait encore perdu 2 francs.

La rente 3 o/o amortissable était restée en dehors de ces fluctuations. La spéculation, malgré les précautions prises contre elle,

gardait en portefeuille les titres du dernier
emprunt d'un milliard, qu'elle avait presque
entièrement absorbé. Afin d'activer le classement du nouveau fonds, le Ministre prit
un arrêté autorisant, à partir du 1ᵉʳ décembre, le versement anticipé des termes
assignés aux souscripteurs.

M. Léon Say, succédant à M. Allain-
Targé, résumait ainsi, à la manière de Turgot, le programme qu'il adoptait :

« Ni Conversion, ni Émission, ni Rachat. »

Aux opérations de crédit qu'il écartait
comme inopportunes, il substituait une
double combinaison.

A quoi bon mettre en mouvement le mécanisme fatigué de la souscription publique ?
Il n'y avait qu'à satisfaire aux demandes
d'une immense clientèle formée des déposants de Caisses d'épargne, dont les versements, recueillis par la Caisse des Dépôts
et Consignations, sont placés en compte-
courant au Trésor, pour être ultérieurement employés en rentes.

Le Trésor, autorisé à émettre des rentes

pour l'exécution de ses travaux, peut les donner en garantie aux porteurs de Livrets, sans leur enlever le droit de réclamer le remboursement de leurs fonds ; il évitera ainsi d'accabler le marché d'une masse de valeurs mises à la fois en circulation.

Tel était l'un des effets obtenus par la loi du 30 décembre 1882 qui autorisait, jusqu'à concurrence de 1.200 millions, la consolidation des capitaux de la Dette flottante.

L'autre procédé employé par M. Léon Say pour faire face aux dépenses du Budget extraordinaire, consistait en traités conclus avec les compagnies de chemins de fer, qui rembourseraient à l'Etat, par anticipation, les avances qu'elles en avaient reçues à titre de garanties d'intérêt.

On devait réaliser ainsi 260 millions représentés par des bons échelonnés que la Direction du Mouvement général des Fonds appliquerait aux besoins de la Caisse centrale du Trésor.

Les conventions stipulaient en retour, au

profit des compagnies, certains avantages qu'il y avait lieu d'apprécier.

Soutenu, dans une des plus brillantes discussions qu'ait entendues le Parlement, par son auteur d'abord, puis par M. Ribot, rapporteur général du Budget; combattu par M. Rouvier et par M. Allain-Targé, le projet subit un échec à la suite duquel M. Tirard, ministre du commerce, fut chargé du portefeuille des Finances.

XI

La situation s'était beaucoup modifiée depuis « cette nuit de janvier 1878 », dans laquelle furent concertées les dispositions jugées propres à assurer le succès du plan Freycinet.

Un défaut de méthode dans l'exécution des travaux, un certain abandon dans la munificence parlementaire avaient jeté quelques ombres sur le riant tableau de nos plus-values croissantes ; puis la formidable crise de janvier 1882 avait changé en panique l'enthousiasme des premiers jours.

En regardant de près, toutefois, on sentait que le mal était grossi par la peur et exploité par des intérêts particuliers. Si on avait trop dépensé, on avait aussi quelque peu dégrevé ou amorti, puisque les remboursements effectués dans l'espace de dix ans s'élevaient à 2,137,420,000 francs.

Mais tout en proclamant le crédit absolument sauf, M. Tirard insistait vivement sur la nécessité d'alléger les charges qui incombaient à l'État pour l'achèvement du réseau de nos voies de communication, d'observer une extrême modération dans les dépenses.

Ayant à combler le vide de 205 millions fait dans le budget de son prédécesseur par le rejet de la Convention avec la compagnie d'Orléans, il rétablit l'équilibre en s'emparant des excédents disponibles que présentaient les crédits alloués aux « Ministres dépensiers », et en consolidant,

suivant la faculté qui lui était accordée,
une partie des capitaux de la Dette flottante (1).

De toutes les économies reconnues indispensables, la plus impérieuse, peut-être,
était celle qui devait résulter de la Conversion. Depuis longtemps réclamée, toujours différée, elle s'imposait à cette heure ;
ainsi l'avait prédit M. Allain-Targé qui,
avec sa verve habituelle, revendiquait tout
récemment le don de prophétie, en exprimant le regret d'avoir raison six mois trop
tôt.

Donc, le 19 avril 1883, M. Tirard déposa
un projet de loi « portant autorisation de
rembourser ou de convertir en rentes
4 1/2 o/o, les rentes 5 o/o inscrites au Grand
Livre de la Dette publique. »

L'exposé des motifs s'attachait d'abord
à faire ressortir la légitimité et l'opportunité de la Conversion ; les avantages qu'elle

(1) Les 1,200 millions fournis par la Caisse des Dépôts et
Consignations doivent être représentés dans son portefeuille
par 44 millions 7000.000 fr. de rente 3 o/o amortissable.

devait procurer à l'État, sans causer aucun préjudice à ses créanciers.

Lors des emprunts de 1871 et 1872, il avait été expressément stipulé que la préférence accordée au type 5 o/o était déterminée par la perspective des réductions très prochaines dont il était susceptible. Si des circonstances qu'il n'y avait point lieu d'apprécier s'étaient jusqu'alors opposées à ce que le Gouvernement usât du bénéfice de cette réserve, il n'était plus permis d'ajourner une mesure à laquelle l'opinion était préparée.

Pour l'Etat, chargé du paiement de 340 millions 845,836 francs de rente 5 o/o (1), il

(1)　　SITUATION AU 1er JANVIER 1883

FONDS	MONTANT DES RENTES	CAPITAL NOMINAL
5 o/o	340.845.836	6.816.916.720
4 1/2 o/o	37.433.505	831.855.600
4 o/o	446.096	11.152.400
3 o/o	363.047.685	12.101.589.500
3 o/o amort.	51.943.815	1.731.460.500
Total....	793.776.937	21.492.974.720

s'agissait d'une économie du dixième, soit 34,084,583 francs par an, dont les rentiers profiteraient comme contribuables et citoyens.

Le Crédit public ne pouvait que gagner à la suppression d'un fonds sur lequel pesaient d'incessantes préoccupations. Constamment coté à des cours variant de 109 à 117, il représentait, d'ailleurs, une valeur égale au 4 1/2 o/o qui, affranchi de cette concurrence et doté d'échéances trimestrielles, paraissait devoir prendre dans les transactions une place de plus en plus importante.

Les divers systèmes recommandés à l'attention du Gouvernement avaient été soumis à un examen approfondi.

Une Conversion attribuant à chaque porteur de 5 fr. de rente 5 o/o 4 fr. de rente 3 o/o perpétuel ou amortissable, aurait pour résultat d'élever de 3 milliards le capital de la Dette et de réduire d'un cinquième le revenu des rentiers.

On ne leur offrirait qu'une compensation

insuffisante par une Conversion pure et
simple en 4 o/o, ce fonds n'étant pas solide-
ment établi au-dessus du pair.

Quant aux autres procédés mis en avant :
Conversion avec soulte, coupon supplémentaire, 4 o/o différé, ils avaient été jugés
trop compliqués pour être facilement compris de la masse des intéressés.

La combinaison proposée avait le mérite
essentiel de la simplicité et de la clarté :

Tout porteur de rentes 5 o/o avait le choix
entre le remboursement du capital, à raison de 100 francs par chaque quotité de
5 francs et la remise d'une nouvelle inscription de 4 fr. 50 qui se négociait à plus de
110 francs.

Le droit d'option pourrait s'exercer pendant dix jours ; après ce délai, l'abstention
de la partie était considérée comme un
acquiescement à la délivrance d'un titre de
rente 4 1/2 o/o, garanti pendant cinq ans
contre une nouvelle Conversion.

Dans le cas, fort improbable, où les demandes de remboursement se produiraient

en grand nombre, le Trésor pourrait y pourvoir par catégories et au moyen de certaines ressources qu'il serait autorisé à se procurer.

Les rentes non converties seraient servies au taux de 5 o/o jusqu'au remboursement effectif.

Les coupons des 16 mai et 16 août seraient encore assurés aux porteurs de rentes converties, qui recevraient des inscriptions expédiées avec jouissance du 16 août.

Les fractions de franc ne seraient pas représentées, comme en 1852, par des bulletins spéciaux, destinés au remboursement du capital ; elles donneraient lieu à la délivrance de promesses d'inscription susceptibles de former, par réunion entre elles ou à des titres antérieurs, des sommes de rente qui feraient retour au Livre des 4 1/2 o/o.

Cette fusion serait facilitée par l'abaissement à 2 fr. du minimum inscriptible, déjà réduit à 3 fr. par la loi de finances du 27 juillet 1870.

Tel était le projet présenté à la sanction du Parlement. Il répondait à un besoin nettement défini et s'appuyait sur des considérations dont l'exactitude ne pouvait être contestée.

Aux termes de l'emprunt qu'il avait contracté, l'État avait en effet rigoureusement le droit de se libérer en remboursant 100 francs pour chaque quotité de 5 francs de rente, et il eût trouvé sans peine à 4 o/o les sommes nécessaires pour cet amortissement.

Il suffisait, pour s'en convaincre, d'analyser la situation du marché.

L'escompte de la Banque de France était à 3 o/o. Le 3 o/o perpétuel, véritable critérium de la faveur attachée aux fonds publics, était à 79 francs, cours correspondant à un intérêt de 3.79 o/o ; celui que rapportaient les principales valeurs mobilières ne dépassait pas 4 o/o.

L'emploi, dans de pareilles conditions, du capital dont le remboursement eût été imposé au rentier devait entraîner pour lui une perte de 1 franc, tandis que la Conversion ne lui en prenait que la moitié ; en opérant la novation de sa dette, l'État renonçait à un gain égal au sacrifice qu'il demandait à son créancier.

La Commission à laquelle le projet fut renvoyé d'urgence y apporta deux modifications admises par le Gouvernement :

La période de garantie qui mettait le nouveau fonds à l'abri d'une autre Conversion serait portée de cinq à dix ans ;

Les inscriptions seraient divisées en séries destinées à faciliter, par des tirages successifs, les opérations ultérieures.

Après la lecture du rapport de M. Naquet, consacré à une démonstration concluante de la supériorité du système adopté par le Gouvernement, l'ouverture de la discussion fournit aux théories contraires l'occasion de s'affirmer à la tribune.

Les partisans de la Conversion en 3 o/o n'étaient pas d'accord sur la somme de rente à donner en échange des 5 francs de rente 5 o/o.

M. Allain-Targé proposait 4 fr. ; M. Rouvier 4 fr. 25 ; M. Germain 4 fr. 50.

M. Haentjens trouvait les deux premières quotités insuffisantes et la troisième trop forte. Il avait calculé que les rentiers seraient exactement désintéressés par l'attribution d'une somme de 4 fr. 35, formant un capital de 115 francs, prix moyen des achats effectués depuis cinq ans, par l'entremise des Trésoriers généraux.

L'élévation indéfinie des cours du 3 o/o, résultat inévitable de l'unification de la Dette, leur assurerait du reste de bien autres compensations.

Modifiant, de concert avec M. Lockroy, son système de Conversion différée, M. Allain-Targé ajoutait aux 4 francs de rente 3 o/o qu'il avait d'abord offerts, un coupon supplémentaire de 50 centimes qui resterait attaché pendant dix ans au nouveau titre.

Cette conception lui semblait devoir réunir tous les suffrages.

Il raisonnait ainsi :

On évalue à une centaine de millions
l'économie que produiront les conversions
successives destinées à transformer le
5 o/o en 3 o/o. Or, l'expérience n'a-t-elle
pas montré ce qu'il y a d'incertain dans ces
profits, subordonnés à des opérations dé-
licates, qu'on hésite toujours à accomplir?

Il serait donc sage de se contenter du
bénéfice positif de 71 millions que procu-
rerait la Conversion en 3 o/o sur les bases
que nous indiquons. Et ce résultat ne serait
rien auprès des heureux effets de l'unification de la Dette, condensée en valeurs de
même nature, « toutes au-dessous du pair,
ne se faisant pas concurrence, dont aucune
ne déprime l'autre, ne fausse l'étalon du
crédit de l'Etat.

« Ce serait un avantage immense pour
les rentiers, auxquels on donnerait un
titre qui peut monter de 25 o/o et rendre
133 fr. pour un capital de 100 fr. »

Ce programme séduisant péchait par
certains côtés, que le Ministre sut mettre
en lumière :

Enlever au Gouvernement le souci des Conversions futures, tout en imprimant aux transactions sur les rentes une activité progressive, ce serait assurément une œuvre grandiose, dont le bienfait n'est pas discutable. Mais si l'on impose en même temps à l'Etat le paiement d'un intérêt immuable de 4 o/o, il achète bien cher la quiétude qu'on lui fait espérer, avec la reconnaissance des rentiers satisfaits.

En acceptant imprudemment les promesses contenues dans ce tableau d'une prospérité croissante, on s'exposerait à de graves mécomptes. Loin d'assurer pour toujours la bonne tenue du marché, l'unification immédiate tendrait plutôt à y jeter la perturbation, en le surchargeant de la masse énorme des titres d'une seule valeur, dont le capital dépasserait 20 milliards.

La coexistence de deux fonds, dont le mouvement est parallèle, répond davantage aux besoins divers qui guident les acquéreurs dans leurs placements.

En 1862, M. Fould ouvrait de même de
brillantes perspectives aux porteurs du
4 1/2 o/o qu'il voulait fondre dans le 3 o/o,
recherché par la spéculation, et l'on sait à
quelle déception ces rêves d'avenir ont
abouti : Annulation de 157 millions de
rentes pour 1,600 millions d'augmentation
de capital.

Il est vrai que, suivant M. Allain-Targé,
c'est à la Société des Economistes et non
à la Chambre des députés, qu'il convient
de se servir de tels arguments.

Il semble qu'il soit préférable de suivre
l'exemple de M. Bineau qui, opérant dans
des circonstances beaucoup moins avantageuses, sur un fonds 5 p. 100 moitié moins
considérable, a réalisé une économie de
17 millions ; celle que nous obtiendrons
sera en conséquence du double.

378 voix contre 102 approuvèrent la thèse
soutenue par M. Tirard.

Au Sénat, la discussion fut loin de présenter ce caractère de précision technique.

Les orateurs de la droite se bornèrent à

exposer longuement leurs griefs, articulés souvent déjà, contre des difficultés budgétaires que le Ministre ne contestait nullement et qu'il s'efforçait de résoudre par tous les moyens en son pouvoir.

La loi du 27 avril 1883 autorisa la mesure proposée et plusieurs décrets en réglèrent successivement l'exécution :

Décret du 27 avril 1883, fixant le point de départ de la période de dix jours pendant laquelle les demandes de remboursement seraient reçues : du 1ᵉʳ au 10 mai pour la France, la Corse exceptée.

Dans ce département, le délai commençait à courir le 3 mai, dans les colonies, le lendemain de la promulgation.

Décret du 30 avril 1883 disposant que les rentes du nouveau fonds seraient réparties en huit séries et ne comporteraient pas d'inscriptions départementales.

Ce classement consistait à grouper, dans le cadre normal des Séries du Grand Livre, les coupures au porteur et les comptes-courants, de manière à former des divisions

approximativement égales (arrêté ministériel du 9 mai 1883).

Par un décret du 12 mai, il était pourvu
au remboursement des parties de rente
dont la conversion n'avait pas été ac-
ceptée.

Les demandes formées par 38 déposants
s'élevaient à 4,767 francs de rente représentant 95.340 fr. en capital.

Le succès de l'opération, on le voit, ne
laissait rien à désirer.

Enfin un décret du 12 juillet autorisait
les agents de change près les Bourses
départementales pourvues de parquet (1)
à certifier les transferts des inscriptions
nominatives du nouveau fonds 4 1/2 o/o,
lorsque ces négociations devaient donner
lieu à la délivrance d'autres inscriptions
nominatives.

La compétence de ces officiers ministé-
riels était, toutefois, limitée aux rentes

(1) Sept villes de province possèdent des Bourses où les
rentes peuvent être négociées : Lyon, Marseille, Bordeaux,
Lille, Toulouse, Nantes, Nice.

payables à la Trésorerie générale de leur
résidence.

XII

Le Ministre signalait une autre économie à réaliser par la réorganisation de
la Caisse des Retraites pour la vieillesse.

Au début, le fonctionnement de l'Institution avait paru répondre aux intentions
du législateur. La première année, les
dépôts n'avaient pas dépassé 1.200.000 fr.
Les versements en rentes 5 o/o, autorisés
par le décret du 18 mars 1852, s'élevèrent
à 30 millions : de 187 fr. la moyenne avait
tout à coup monté à 1.100 fr.

La loi du 28 mai 1853, destinée à réagir
contre cette tendance, abaissa l'intérêt de
5 o/o à 4 1/2 et fixa à 2.000 fr. le maximum
des versements annuels, limite dont les
sociétés anonymes furent affranchies par
la loi du 7 juillet 1856.

La quotité que pouvait atteindre l'inscription de rente viagère individuelle fut ensuite portée de 750 fr. à 1.000 fr., puis à 1.500 fr.; les versements annuels furent admis jusqu'à concurrence de 3.000 fr. et en dernier lieu de 4.000 fr. (Lois des 12 juin 1861 et 4 mai 1864.)

Tant que l'intérêt servi demeura fixé à 4 1/2 o/o, les charges du Trésor ne se firent pas trop sentir; mais les grands emprunts nationaux contractés après la guerre ayant déterminé une hausse dans le prix de l'argent, il sembla juste de rendre aux souscripteurs le taux primitif de 5 o/o, tout en maintenant à 1.500 fr. le maximum de la rente viagère. (Loi de finances du 29 décembre 1872.)

Réservée, en principe, à la petite épargne lentement et péniblement amassée, la Caisse attirait ainsi les placements des gens aisés, des capitalistes, en leur offrant des conditions plus avantageuses que les compagnies d'Assurances. Ces sociétés elles-mêmes trouvèrent un bénéfice à y transporter les fonds de leurs clients.

Le chiffre de 62 millions auquel sont arrivés les dépôts en 1881 atteste les envahissements rapides d'un parasitisme industrieux, entretenu à grands frais par l'Etat : les pertes constatées au 31 décembre 1882 sont de plus de 42 millions.

La loi de finances du 29 du même mois, qui a ramené à 4 1/2 p. 100 le taux de capitalisation, aura pour effet d'empêcher le développement de cette charge considérable, en attendant que la Chambre ait statué sur les deux projets de réforme dont elle a été saisie.

Le premier, dû à l'initiative parlementaire, était accompagné d'un remarquable rapport de M. Maze, contenant une étude approfondie de la question au point de vue économique et social. Selon le Rapporteur, c'était par un retour complet à la pensée démocratique des fondateurs qu'on réparerait les erreurs commises et qu'on assurerait le succès de l'œuvre pour l'avenir.

On obtiendrait ce résultat par les mesures suivantes :

Laisser fixé à 1.500 fr. le maximum de l'inscription viagère ; mais réduire celui des versements annuels à 300 fr., somme qui, dans l'échelle des épargnes possibles, représentait le plus grand effort que pût produire l'ouvrier ;

Classer les déposants en trois catégories et graduer le taux de capitalisation d'après les besoins de chacune d'elles :

4 p. 100 pour les pensions au-dessus de 600 fr. ;

4 1/2 pour les pensions n'excédant pas cette quotité ;

5 p. 100 pour celles qui, ne dépassant pas la même somme, seraient constituées au profit de membres de sociétés de secours mutuels légalement établies.

Une dotation de 10 millions serait affectée au service ainsi réorganisé.

Le système proposé avait l'inconvénient de créer des privilèges, de perpétuer un inconnu budgétaire que supprimait, d'une manière absolue, le deuxième projet émanant du Gouvernement.

Pour y parvenir, il substituait l'autonomie de la CAISSE NATIONALE DES RETRAITES au mécanisme compliqué qui laissait à cet Etablissement le soin de recevoir les fonds et de liquider les rentes viagères, tandis que la Direction de la Dette inscrite était chargée de la tenue du Livre des Inscriptions, de l'expédition des titres, de l'ordonnancement des arrérages payés aux guichets du Trésor, et du travail des extinctions.

Gérée par l'administration de la Caisse des Dépôts et Consignations, la Caisse des Retraites serait placée sous la surveillance d'une Commission supérieure spéciale. Elle effectuerait ses opérations avec la garantie de l'Etat, qui en assurerait le cours régulier en lui constituant une importante réserve par la restitution des 11 millions de rentes perpétuelles destinées à le couvrir du montant des rentes viagères servies aux souscripteurs. Ce remboursement aurait lieu en rentes 3 p. 100 amortissables.

Le taux de l'intérêt alloué aux déposants serait déterminé chaque année par un décret, rendu après avis de la Commission supérieure.

Le maximum de la rente viagère serait fixé à 1.200 fr. ; à 2.000 fr. celui des versements annuels. L'employé et le petit commerçant devaient être appelés, aussi bien que l'artisan, à participer aux bienfaits d'une institution de prévoyance dont on ne saurait trop faire connaître les résultats saisissants :

« L'ouvrier qui, depuis l'âge de 18 ans, « (avec interruption de 5 ans pendant le « service militaire) prélèverait, pour le « verser à la Caisse des Retraites, UN FRANC « sur son salaire de chaque semaine, se « constituerait à l'âge de 60 ans, d'après « le tarif en vigueur, une rente de 786 fr. « en aliénant le capital, et de 535 fr. en le « réservant ; si les versements commen- « çaient à 16 ans, la rente serait, à 60 ans,

« de 917 fr. à capital aliéné, et de 630 fr.
« à capital réservé (1). »

L'entrée en jouissance de la rente s'ouvre à 50 ans ; elle peut, au gré du déposant,
être reculée d'année en année jusqu'à 65
ans, âge extrême auquel les tarifs sont
calculés (2); cependant, l'incapacité absolue de travail régulièrement constatée
autorise une liquidation anticipée.

Outre le progrès qu'il avait la conscience
d'accomplir, le Gouvernement trouvait
dans la combinaison projetée une ressource intéressant l'équilibre du budget.

La dépense de 26 millions affectée au
paiement des rentes viagères serait en effet
réduite à 11 millions de rentes 3 p. 100

(1) Une lettre de M. Paul Matrat, insérée dans le *Bulletin
du Ministère de l'Instruction publique* du 6 mai 1882, contient
d'excellentes indications sur les moyens pratiques de vul-
gariser, par l'Ecole, les notions relatives à la Caisse des
Retraites, et d'en répandre les Livrets comme ceux des
Caisses d'Epargne.

(2) Les tables de Deparcieux, qui servent de base à ces
calculs, remontent à 1746. L'Administration s'occupe de
réunir, pour en publier de nouvelles, les documents propres
à lui fournir des données d'une exactitude plus rigoureuse.

amortissables, représentant le capital des
rentes perpétuelles transférées depuis l'o-
rigine à la Caisse d'Amortissement par la
Caisse des Retraites, et qui lui serait remboursé en vue de constituer l'existence
propre de cet établissement.

L'économie réalisée au profit du Trésor
serait donc de 15 millions.

Les deux articles suivants, détachés du
projet déposé, avaient été en conséquence
insérés dans la loi de finances :

« Art. 15 — A partir du 1er janvier 1884,
la caisse nationale des retraites pour la
vieillesse pourvoira, au moyen de ses
propres ressources, au service des rentes
viagères.

« Les arrérages seront payés par trimestre.

« Art. 16 — Pour couvrir les pertes subies
antérieurement au 1er janvier 1884 et assurer le service des rentes viagères en cours
à la même date, le ministre des finances
est autorisé à inscrire au Grand-Livre de
la Dette publique, section du 3 p. 100

amortissable, au nom de la caisse nationale des retraites pour la vieillesse et à
titre de dotation, une somme de rentes
correspondant, d'après le cours moyen de
1883, au capital des rentes perpétuelles
dont l'annulation a été opérée en échange
des rentes viagères. »

Cette combinaison souleva quelques objections.

Etait-il réellement avantageux de substituer à une dette viagère de 26 millions
devant durer une trentaine d'années, une
dette de 11 millions amortissable en
soixante-dix ans? M. Ribot en doutait. Il
en résultait sans doute un soulagement
immédiat ; mais on eût pu trouver mieux
que cette suppression du dernier mode
d'amortissement de notre Dette consolidée.
L'orateur déplorait l'abandon de ce moyen
d'action modeste, fonctionnant obscuré-
ment au milieu des rouages compliqués du
budget.

M. Rouvier, rapporteur général, accueil-
lait au contraire, comme louable autant

qu'ingénieuse, une mesure qui devait sous-
traire le Trésor aux risques d'une participation onéreuse, sans porter aucune atteinte à la situation des ayants-droit.

Les charges imposées par cette responsabilité avaient été évaluées à 42 millions
à la fin de 1882 ; M. Tirard s'attache à dé-
montrer, par des calculs très étudiés,
qu'elles dépassaient 75 millions.

La préoccupation d'une telle éventualité
s'était manifestée en 1861, dans la discussion de la loi portant le maximum des versements annuels à 4,000 fr. et celui de la
rente viagère à 1,500.

Le ministre rappelait les paroles prononcées à cette occasion par M. Larrabure :

« Tenez ceci pour constant, disait-il,
c'est que ces annuités, avec le temps, de-
viendront formidables et embarrasseront
beaucoup les finances de l'État. »

Depuis cette époque, le nombre des
comptes ouverts aux déposants s'est élevé
de 223.000 à 640.000, et l'accroissement
graduel des pertes a justifié les craintes

exprimées avec tant de clairvoyance.

« Vous êtes des imprudents, s'écriait M. Larrabure, de lancer l'avenir financier de la France dans de grosses aventures auxquelles donneront lieu inévitablement, à un jour donné, les rentes viagères que vous constituez aujourd'hui... »

Rien ne put empêcher le vote irréfléchi d'où sont nées les difficultés actuelles.

M. Tirard, à son tour, demandait si la Chambre, imitant sa devancière, persévé-rerait dans une entreprise hasardeuse, ou si elle mettrait à profit les leçons d'une ex-périence chèrement acquise.

La Chambre répondit en adoptant, dans la séance du 19 décembre 1883, les dispo-sitions qui consacrent le principe de l'au-tonomie de la Caisse des Retraites, exer-çant sous le contrôle et avec la garantie de l'État.

Au Sénat, la discussion gagna à la fois en ampleur et en précision.

M. Léon Say reprit, en les développant, les arguments présentés par M. Ribot. Il demandait l'ajournement du vote sur les deux articles détachés de la loi destinée à modifier le régime de la Caisse des Retraites, et dont ils résumaient l'esprit.

M. Tirard faisait ressortir l'inutilité d'un sursis basé sur une connexité qui n'existait pas.

Plus tard, en effet, on règlerait les rapports de la Caisse avec le public, c'est-à-dire les conditions de la parité à établir entre l'intérêt qu'elle assure aux souscripteurs et celui qu'elle retire de ses placements. Elle supportait, de ce chef, une différence de 45 millions qui, grossie des intérêts composés, pouvait être évaluée à 75 millions.

Il ne s'agissait actuellement que de mettre un terme aux pertes subies par le Trésor, au moyen d'une réforme d'ordre intérieur.

Le Ministre exposait avec une grande clarté la situation créée par le système de dualité appliqué au fonctionnement de la Caisse des Retraites.

Après avoir liquidé le compte de ses déposants, fixé le montant de l'inscription viagère correspondante et de l'époque de l'entrée en jouissance, que fait la Caisse des Dépôts et Consignations ?

Elle prend dans son portefeuille, en la calculant au cours moyen des achats opérés pendant le trimestre, la somme de rente perpétuelle nécessaire pour former un capital égal à celui de la rente viagère, déterminé par des barêmes spéciaux ; puis elle remet ce chiffre de rente à la Direction de la Dette inscrite qui l'annule, délivre en échange le titre viager et en paie les arrérages.

Or, plus le cours de la rente sera élevé, moins la Caisse devra en fournir pour produire le capital voulu.

La Dette inscrite à un intérêt opposé. Moins la rente sera chère, plus elle en recevra pour compenser l'annuité viagère mise à sa charge ; mais il reste toujours, entre les paiements et les annulations qu'elle effectue, un écart considérable comblé par une allocation budgétaire.

Et même, quand en regard des 26 millions de rentes viagères à acquitter, on place 11 millions de rentes annulées, cela ne signifie pas que ce dernier chiffre représente un amortissement réel. Ce résultat ne sera acquis qu'après le décès des rentiers viagers, qui sont actuellement au nombre de 120.000 ; mais pendant les 14 ou 15 ans qu'ils doivent vivre, le Trésor bénéficie de la diminution progressive du capital de leurs rentes.

Eh bien ! en tenant compte de cette quotité appréciable, il est reconnu qu'à la fin de 1882, on n'a pas amorti une somme supérieure à 5 millions.

M. Léon Say reprochait à la combinaison proposée de réduire la Caisse des Retraites, en l'isolant, au rôle d'une simple compagnie d'assurances.

Il y a, répondait M. Tirard, une différence profonde entre ces deux sortes d'établissements : l'un spécule sur la personne de l'assuré, l'autre repousse comme illicite tout profit dans l'administration des deniers de l'épargne ; nous voulons le rendre indemne et indépendant, afin de faciliter l'accomplissement de sa tâche philanthropique.

Le Sénat adopta les deux dispositions votées par la Chambre des Députés et qui devinrent les articles 9 et 10 de la loi du 30 janvier 1884, portant fixation du budget des dépenses sur ressources extraordinaires de l'exercice 1884.

XIII

En conformité de la loi du 30 janvier 1884, un décret du 2 février suivant a autorisé le Ministre des Finances à négocier, par voie de souscription publique, et à faire inscrire des rentes 3 o/o amortissables divisées en 169 séries et remboursables en 69 ans, à courir du 16 avril 1884 jusqu'à concurrence d'une somme de 350 millions.

Un arrêté ministériel réglait les conditions dans lesquelles s'effectuerait l'opération.

La souscription s'ouvrirait le 12 février et serait close le même jour.

Les rentes seraient émises au cours de 76 fr. 60 par 3 fr. de rente, ce qui fixait le prix de l'unité de 15 fr., minimum inscriptible du 3 o/o amortissable, à 383 fr. remboursables à 500 fr.

Elles porteraient jouissance du 16 avril 1884 et participeraient aux tirages postérieurs à cette date.

Le souscripteur aurait le choix entre deux modes de libération :

Payer en une seule fois le prix de la rente demandée ;

Verser, à titre de garantie, un à-compte de 40 fr. par coupure de 15 fr. et solder le complément en 4 termes échelonnés de trois en trois mois.

Un droit de préférence serait accordé aux souscriptions entièrement libérées, qui ne subiraient aucune réduction, à moins qu'elles atteignissent une somme supérieure au montant total de l'Emprunt.

Le système adopté se rapprochait ainsi de la marche suivie en 1878 pour la vente directe aux guichets du Trésor, et des dispositions prises en 1881 quant à la durée de la soucription. Mais ce qui caractérisait le nouvel Emprunt, c'étaient les mesures destinées à favoriser les placements de la clientèle sérieuse que recherche surtout l'État.

Il était rigoureusement interdit aux comptables de recevoir aucune souscription par liste, et de délivrer à la même partie plusieurs récépissés.

On n'accepterait aucun dépôt de titres ou valeurs quelconques en représentation de la somme de rente souscrite.

Toutefois, les porteurs de bons du Trésor à échéance d'un an au plus pourraient obtenir, sous déduction d'un escompte de 2 1/2 p. o/o, le remboursement du capital qu'ils voudraient appliquer à une souscription.

Voici quel a été le résultat des demandes : (1)

	NOMBRE de Souscripteurs	RENTES souscrites	SOMMES versées
1° *Souscriptions libérées*			
Paris	26.506	16.699.800	426.401.560
Départements.............	68.812	5.472.210	139.723.762
Total	95.320	22.172.010	566.125.332
2° *Souscriptions non libérées*			
Paris	7.756	21.479.685	57.279.160
Départements.............	12.665	552.450	1.473.200
Total	20.421	22.032.135	58.752.360

Le résultat de la souscription est le suivant :

	NOMBRE de parties	RENTES souscrites	SOMMES versées
Paris	34.262	38.179.485	483.680.720
Départements.............	81.479	6.024.660	141.196.962
Total	115.741	44.204.145	624.877.682

L'emprunt a donc été souscrit, par
115,741 parties prenantes, trois fois 1/4
environ, soit une fois et 62/100 en souscriptions libérées, et une fois et 61/100 en
souscriptions non libérées. Le versement
effectif de 624,877,682 fr. reçu par le Trésor public dans la journée du 12 février,

(1) Rapport du Ministre des finances au Président de la
République.

appliqué entièrement à des souscriptions non libérées, aurait couvert l'emprunt un peu plus de dix-sept fois (17.12).

Les bons du Trésor en circulation la veille de l'emprunt (11 février) représentaient une somme totale de 267,796,200 fr., dont 212,700,900 francs en bons émis à 3 o/o d'intérêt.

Les bons présentés à l'escompte se sont élevés à 67 millions 847,600 francs, à savoir :

Paris	67.380.400
Départements	467.200
Total. . .	67.847.600

Il ressort du classement des souscriptions libérées que les souscriptions du minimum inscriptible, soit 15 fr. de rente, se sont élevées à. 61,845

Les souscriptions de 30 fr. de rente ont été de. 10.116

Les souscriptions de 45 fr. de rente ont été de. 4.836

Les souscriptions de 60 fr. à 90

A Reporter. 76.797

Report. 76.797

fr. de rente ont été de. 8.462

Enfin, les souscriptions supérieures à 90 fr. de rente ont été de   10.061

Total. . . 95.320

Les souscriptions de 15 fr. et de 30 fr. ne subiront seules aucune réduction ; toutes les autres n'obtiendront, dans la répartition proportionnelle, que 58 1/2 p. o/o environ de la rente primitivement souscrite.

Grâce aux conventions conclues l'année dernière avec les grandes compagnies, cet emprunt paraît devoir clore la série des émissions de rentes 3 o/o amortissables créées en vue de l'achèvement de nos voies de communication.

Dans l'exposé des motifs du projet de budget de 1885, le Ministre exprime en effet l'intention de se procurer par d'autres moyens les ressources complémentaires qu'il aurait à réaliser :

« Jusqu'ici, dit M. Tirard, on a eu recours à des emprunts par voie d'émission

publique ou par des avances de trésorerie
qui ont donné lieu, en vertu de la loi de
finances du 29 décembre 1882, à la consolidation en 3 o/o amortissable des fonds
disponibles de la Caisse des dépôts et consignations. Ce système a le grave inconvénient de placer le marché des valeurs
publiques sous l'impression d'une perspective d'emprunts successifs qui pèse sur les
cours et nuit au classement des fonds
d'Etat.

» Nous avons pensé qu'il était préférable de liquider en quelque sorte, pour le
présent et pour l'avenir, les sommes restant à dépenser tant pour l'achèvement
des travaux publics que pour l'exécution
du programme de reconstitution des défenses militaires, en opérant comme on l'a fait
pour subvenir aux dépenses du second
compte de liquidation.

» Les obligations à court terme, émises
à cet effet, et non remboursables, s'élève-
ront, au 31 décembre 1884, à la somme de
346.764.931 francs et seront amorties, de

1885 à 1888, au moyen du crédit de 100 millions à inscrire annuellement au chapitre V du ministère des finances.

» Nous vous demandons l'autorisation d'émettre successivement, au mieux des intérêts du Trésor et jusqu'à concurrence du montant des crédits ouverts pour 1885 au titre du budget sur ressources extraordinaires, des obligations de même forme et de même nature, dont l'échéance ne pourra pas dépasser 1890. »

Nous ne pouvions mieux terminer que par l'annonce rassurante d'un système destiné à fermer le Grand-Livre, la rapide analyse des diverses parties dont il s'est progressivement accru.

XIV

Outre les questions d'Emprunt ou de Conversion, on voit périodiquement surgir celle de l'impôt sur la rente.

En cessant de payer les arrérages, l'ancienne monarchie simplifiait beaucoup le problème. On se rappelle que le cardinal de Lorraine, ministre de François II, viola ainsi le premier le contrat souscrit par la Couronne 38 ans auparavant.

Cependant, par les *tailles* qui embrassaient l'ensemble du revenu ; par les *dixièmes* qui l'atteignaient partiellement, les rentes étaient frappées de taxes plus régulièrement assises.

Mais les contributions auxquelles elles étaient assujetties avaient toujours un caractère de transition et de nécessité. Il suffit, pour s'en convaincre, de se reporter aux circonstances désastreuses qui motivèrent la levée du premier dixième autorisée, comme on sait, par une déclaration royale du 10 octobre 1710. (1)

Desmaretz, qui avait fait établir cet impôt, eut soin d'en affranchir les rentes émises en 1713 et la retenue fut supprimée

(1) Voy. 1ʳᵉ partie, page 65.

en 1717, sous l'administration du duc de Noailles, pendant les heureux débuts du système de Law.

Orry, contrôleur général de 1730 à 1745, fit revivre et disparaître deux fois le Dixième, en combinant cette ressource avec des loteries dont les billets se payaient en argent et en titres de rentes.

Le dernier Dixième, créé pour les besoins de la guerre de la succession d'Autriche (1740) avec laquelle il devait prendre fin, fut converti par Machault en un Vingtième affecté à la dotation de la Caisse d'amortissement.

L'édit de mai 1749, qui réglait le mode de perception de cet impôt, en exemptait les rentiers et les porteurs de quittances du Trésor.

Le préambule de l'Édit de Décembre 1764, destiné à pourvoir à un remboursement intégral, exposait la nécessité de mettre « plus de proportion dans la con-« tribution aux dettes, dont les créanciers

« de notre État ne sont pas moins tenus
« que nos autres sujets. » Pour réaliser
ces vues, M. de L'Averdy n'avait rien
trouvé de mieux que d'opérer l'amortissement par les mains du rentier lui-même,
en l'obligeant à verser à une Caisse spéciale le dixième des arrérages qu'il avait
touchés aux guichets du payeur.

Dans la discussion des articles de la
Constitution de 1789, nous voyons se produire, par l'organe de Vernier, la distinction entre les devoirs sacrés du rentier
comme citoyen et ses droits inviolables
comme créancier de l'État.

Le 24 Octobre 1790, la Constituante est
saisie par Lavenue d'un projet d'impôt
qui serait perçu au moyen d'une retenue
sur les arrérages de rentes, et le 31 Décembre suivant, la discussion s'ouvre après
lecture du rapport de Rœderer, repoussant « avec une indignation civique » la
mesure proposée.

Mirabeau la flétrit à son tour en la li-
vrant « à tout le mépris qu'elle mérite ; »

mais elle est soutenue avec âpreté par Foucault :

« Il faut, dit-il, que chacun paie la Dette de
« l'État en proportion de son revenu. Voilà
« la loi dont je suis le prophète. Je suis
« chargé par mes commettants de deman-
« der que les intérêts soient réduits au taux
« de la loi, et que les rentes soient soumi-
« ses au même impôt que les biens-fonds. »

L'Assemblée clôt le débat en accueillant une motion de Barnave déjà formulée par Démeunier.

« L'Assemblée, se référant à ses décrets
« des 17 juin, 27 août et 6 octobre, qui con-
« sacrent ses principes invariables sur la
« foi publique..... déclare qu'il n'y a pas
« lieu à délibérer sur la motion qui lui a
« été présentée, tendant à établir une im-
« position particulière sur les rentes dues
« par l'État. »

Cette déclaration confirmait la thèse re-prise par Barnave, concernant le double caractère de contribuable et de privilégié dont le rentier se trouvait investi.

L'esprit de Cambon était peu accessible à ces subtilités d'une sorte de Scholastique constitutionnelle. Il se sentait appelé à fonder, à côté du régime politique né de la Révolution, un régime financier basé aussi sur l'égalité.

L'immunité de la rente, d'ailleurs, n'avait pas été absolument sauvegardée par ces solennelles affirmations de principes : les mutations avaient été assujetties à l'Enregistrement par la loi du 5 Décembre 1790, et celle du 11 Février 1791 avait prescrit que les quittances d'arrérages « seraient écrites sur papier timbré ». (1)

Réalisant les vœux des Cahiers relatifs à l'assimilation des rentes, Cambon frappa l'inscription au Grand-Livre d'un impôt égal à celui qui grevait la propriété foncière. (Art. 111 et 112 de la loi du 24 août 1793).

Il convient d'ajouter que cette disposition est à peu près restée lettre morte, car le Corps législatif, qui devait fixer chaque

---

(1) Ces lois ont été abrogées.

année le montant de la nouvelle contribution, ne l'a déterminé qu'une seule fois par
le Décret du 9 mars 1795.

On s'explique sans peine cette abstention
du pouvoir fiscal, si l'on se rappelle l'interruption prolongée du service des arrérages
de la Dette : comment exercer une retenue
sur des paiements qui n'étaient que peu ou
point effectués ?

. Cette situation embarrassée se dénoua,
comme on l'a vu, par la mobilisation des
Deux-Tiers et la réinscription du Tiers
consolidé, affranchi de « toute retenue
présente et future ».

; La loi du 9 vendémiaire, an VI, dont
l'article 98 contient cet engagement formel,
a toujours été considéré comme la Charte
de notre Crédit national, et depuis lors,
tous les gouvernements, d'accord avec les
représentants du pays, se sont attachés à
en faire respecter les termes précis.

Sous Louis-Philippe, un sieur Carpentier
s'était voué à la destruction de ce privilège.
Dans le but de ramener la rente au droit

commun, il adressa, de 1840 à 1847, dix-huit pétitions à la Chambre des députés, qui les écarta avec la même persévérance. Renouvelée auprès de la Chambre des Pairs, sa tentative n'eut pas plus de succès: sur le rapport du vicomte Lemercier, la haute Assemblée passa à l'ordre du jour.

Vers la même époque, au cours de la discussion du Budget de 1847, M. de Beaumont proposa un article additionnel tendant à imposer les mutations de rentes. M. Lacave-Laplagne, ministre des finances, rappela la situation faite au Trésor par la loi du 9 vendémiaire an VI et ajouta :

« Depuis, lorsque le malheur des temps
» voulut que l'on négociât de nouvelles
» rentes, le Gouvernement s'est trouvé
» dans la nécessité d'accepter les condi-
» tions qui lui étaient faites. Les nouveaux
» prêteurs ont eu soin de demander que
» les rentes nouvelles fussent de même
» nature que les anciennes, qu'elles fussent
» confondues avec elles, afin qu'elles jouis-
» sent des mêmes immunités.

» Le Gouvernement, en adhérant à ce
» système d'emprunt, a garanti par cela
» même aux nouvelles rentes, qu'elles
» seraient exemptes des mêmes droits que
» les anciennes rentes réduites. »

Quatre ans plus tard, un projet semblable reçut un meilleur accueil et donna
lieu à la loi du 18 mai 1850, qui a établi un
droit sur les mutations de rentes par décès.
C'est la seule atteinte portée jusqu'ici au
principe de l'immunité ; mais elle ne constitue pas, à proprement parler, un impôt
sur la rente. Graduée d'après le degré de
parenté des héritiers, cette taxe a plutôt le
caractère d'un droit d'enregistrement frappant l'acte de transmission.

Trois propositions analogues, plus étendues, furent ensuite déposées et retirées
par trois membres de la même Assemblée,
MM. Febvrel, Prudhomme et Sautayra.

Lorsqu'il s'agit de régler l'application de
la loi du 23 août 1871, soumettant les quittances au droit de timbre de 10 c., le paiement des rentes en fut exonéré par un avis

rectificatif inséré au *Journal Officiel*. Cette exemption avait été obtenue par la Direction de la Dette inscrite, gardienne d'une législation protectrice qui devait bientôt recevoir une éclatante adhésion.

Dans la séance du 29 décembre 1873, M. Raudot, député de l'Yonne, exposait l'objet d'un amendement qui, généralisant les effets des lois par lesquelles les valeurs mobilières sont grevées d'un droit de transmission, faisait cesser l'exception admise en faveur de la rente française. Mais si les vicissitudes de la politique ramenaient dans une Assemblée siégeant à Versailles les débats de la Constituante sur l'inviolabilité du contrat de rente, il s'y trouvait encore, pour la défendre, une voix digne de reproduire les protestations de Mirabeau:

M. GAMBETTA. — « Il me semble que » l'amendement de M. Raudot repose ou » sur une illusion ou sur une équivoque, et » je désirerais m'en expliquer très sommairement.

» Je dis que c'est une illusion si, par l'in-

» troduction de cet amendement, M. Rau-
» dot, comme il vient encore d'en renouve-
» ler la déclaration à la tribune, s'imagine
» qu'il ne frappe pas la rente d'un impôt.

» En effet, la rente par ce procédé, ne
» serait pas frappée, comme il l'entend, seu-
» lement d'une taxe de mutation, mais serait
» atteinte dans son capital même dont l'État
» retiendrait une partie intégrante, au mé-
» pris d'un contrat solennel et qu'il n'ap-
» partient à aucune juridiction de rompre.

» Le Crédit de la France est placé dans
» l'estime du monde à une trop grande
» hauteur, jouit d'une solidité trop pré-
» cieuse pour que nous puissions, même
» incidemment, y laisser porter l'ombre
» d'une atteinte. »

502 voix contre 83 donnèrent raison à
l'orateur.

Aussi son intervention suffit-elle encore
pour faire rejeter un amendement au Budget de 1875, rédigé dans le même sens et
déposé par M. Limayrac, député du Lot,
le 30 juillet 1874.

Or, élu en 1876 président de la Commission du Budget, M. Gambetta, dans le rapport qu'il présenta au nom de cette Commission, envisageait la question à un autre point de vue.

Après avoir invoqué les résultats acquis, sans aucun trouble dans les conditions du marché, par l'établissement d'une taxe sur les valeurs mobilières, le rapporteur continuait ainsi :

« La Chambre, après l'expérience faite, » se trouve dans l'obligation d'étendre les » conditions de la loi du 29 juin 1872 aux » revenus qui ont été indûment exemptés. » C'est ainsi qu'il faut frapper de cette taxe » les intérêts des fonds d'État natio- » naux.

» En admettant loyalement l'impôt ac- » tuel comme une taxe sur tous les reve- » nus mobiliers payés en France, nous » nous mettons en dehors des objections » qui ont été faites contre le danger de » frapper d'une manière spéciale les titres » de la rente française. Nous nous plaçons

» dans la situation des Anglais qui ont
» bien soin de ne pas frapper leurs conso-
» lidés d'un impôt spécial, mais n'ont pas
» manqué d'englober dans l'income-tax
» les revenus qui en proviennent.

» Il ne sera nullement difficile de fixer,
» par des règlements d'administration pu-
» blique, la situation spéciale des porteurs
» de titres non français et non résidents
» en France pour le paiement de leurs
» coupons.

» Ce sont là des questions d'administra-
» tion qui seront facilement résolues, dès
» que le principe supérieur de la taxe sur
» tous les revenus mobiliers sera inscrit
» d'une manière générale dans notre légis-
» lation. »

Ce n'était plus le langage de Mirabeau,
mais celui de Cambon, — que ne liait
point le pacte du 9 vendémiaire, — pour-
suivant l'application d'un principe absolu :
la contribution proportionnelle au revenu.

Bien que l'œuvre de la Commission composât un vaste plan de réforme embrassant, sous le nom de cédules, toutes les branches de la fortune publique, l'article du projet relatif à l'impôt sur la rente attira surtout l'attention et souleva des critiques passionnées :

Il violait un engagement sacré ;

Il lésait à la fois les intérêts de l'État et ceux de ses créanciers, car en retenant 3 o/o sur le revenu des rentiers, il réduisait leur capital d'un demi-milliard environ, sans rapporter au fisc plus de 22 à 23 millions ;

Enfin, la tâche laissée à l'Administration de discerner à coup sûr, parmi les quatre millions d'inscriptions figurant au Grand-Livre, celles qui appartiennent à des étrangers et échappent à l'impôt, serait certainement au-dessus de ses forces.

L'inscription au porteur, divisible en coupures de 3 francs, exclusive de toute justification de propriété, munie de coupons susceptibles d'être détachés à l'avance et disséminés en plusieurs mains, offrirait en

effet à la fraude une base d'opérations insaisissable.

Le contrôle des titres de cette forme,
qui ont pris chez nous un développement
toujours croissant, rencontrerait des obstacles à peu près insurmontables. Rien n'en-
trave une pareille mesure en Angleterre,
où les rentes au porteur ne représentent
qu'une portion infime de la Dette.

Le programme financier élaboré par la
Commission n'a pas été soumis à l'examen
du pouvoir législatif.

Mais une manifestation analogue, émanant d'une autre Commission dont l'existence était à peu près ignorée, a jeté récemment un certain trouble dans les
transactions. Chargée de réviser l'assiette
de l'impôt, elle a conclu à l'adoption
d'un projet de loi tendant à comprendre
la rente sur l'État parmi les valeurs qui
s'y trouveraient soumises; la taxe proposée serait de 3 o/o.

On s'explique difficilement une pareille
résolution se produisant au lendemain de

la conversion du 5 o/o, au moment même
de l'ouverture d'un emprunt en rente 3 o/o
amortissable.

L'article 3 de la loi du 11 juin 1878, qui
a créé ce dernier fonds, contient en effet
la déclaration suivante :

« *Tous les privilèges et immunités* atta-
» chés aux rentes sur l'État sont assurés
» aux rentes 3 o/o amortissables. »

On ne saurait nier qu'en recommandant
par de telles considérations les valeurs
qu'il a successivement émises, le Trésor
n'ait pris l'engagement formel de veiller à
l'observation des clauses spéciales qui en
garantissent la propriété.

C'est un devoir qu'il a toujours scrupu-
leusement rempli.

Si cette question devait être agitée, il
semble que notre humble travail ne serait
pas sans quelque utilité. Il rappellerait à
quel prix se fonde le crédit d'une nation.

On y verrait que depuis Henri IV jusqu'au ministère de l'archevêque Loménie
de Brienne inclusivement, l'ancienne mo-

narchie a commis CINQUANTE-SIX violations de la foi publique ; (1)

Qu'UNE SEULE est relevée à la charge de la France démocratique ;

Que cette faute, imputable aux désordres du régime précédent, a été rachetée par un siècle d'inaltérable loyauté.

Et l'on se demanderait alors si la République, dont tous les actes doivent tendre surtout à la grandeur morale du pays, peut rompre avec cette longue tradition d'honnêteté, grâce à laquelle « le crédit de la France est si haut placé dans l'estime du monde. »

(1) M. Taine. Les origines de la France contemporaine page 405.

FIN.

PIÈCES JUSTIFICATIVES

ET

DOCUMENTS STATISTIQUES

—

ANNEXE I

ÉDIT DU ROY FRANÇOIS Iᵉʳ PORTANT CRÉATION DE
SEIZE MIL SIX CENS SOIXANTE-SIX LIVRES TREIZE SOLS
QUATRE DENIERS DE RENTE AU DENIER DOUZE, AU
PRINCIPAL DE DEUX CENS MIL LIVRES, SUR LA
FERME DU PIED-FOURCHÉ ET AUTRES IMPOSITIONS, EN
FAVEUR DES PREVOST DES MARCHANDS ET ESCHEVINS
DE PARIS, POUR EN PASSER DES CONSTITUTIONS PAR-
TICULIÈRES AUX BOURGEOIS DE CETTE VILLE, AU
PRORATA DES SOMMES AUXQUELLES ILS SEROIENT
TAXÉS, POUR PARFAIRE CELLE DE DEUX CENS MIL
LIVRES SUS DITE.

François, par la grâce de Dieu roy de France, à
nos amez et feaux les gens de nostre cour de parlement, de nos comptes, et generaux tant sur le
fait et gouvernement de nos finances, que de la

justice de nos aydes, et chacun d'eux, salut.
Comme par cy-devant nous ayons fait appeller par-
devant nous en nostre hostel des Tournelles plusieurs officiers, bourgeois, manans et habitans de
nostre ville et cité de Paris, auxquels nous avons
remonstré nos grands et urgens affaires, qui sont
tels que nul ne les peut ignorer, et depuis fait plusieurs assemblées en l'hostel commun d'icelle en
vertu de nos lettres par nous envoiées à cette fin
aux prevost des marchands et eschevins de ladite
ville, pour ouir les remonstrances qui leur seraient
faites par nos commissaires à ce deputez et ordon-
nez ; en la deuxiesme et plus grande desquelles
assemblées faite aussi par vertus d'autres, nos
lettres adressantes à icelle assemblée lesquelles lors
furent veüës et leüës par le clerc et greffier de ladite
ville, où estoient lesdits prevost des marchands et
eschevins, conseillers, quarteniers, et gros nombre
des notables bourgeois, et chacun des seize quarteniers de nostre dite ville, comme faisans et representans le corps et la plus grande et saine partie
de la commune d'icelle nostre dite ville et cité de
Paris, après ce que nosdits commissaires, en con-
tinuant les remonstrances de nosdites affaires, et le

besoing qui estoit de nous servir et secourir, tant
pour la sûreté de nostre personne et de nostre
royaume, que aussi de leurs propres biens et personnes auroient offert vendre et aliéner pour et au nom de
nous, en vertu d'un pouvoir et mandement espécial à
eux donné, à ceux qui voudroient bailler la somme de
deux cens mil livres tournois pour une fois, qui nous
estoient entierement necessaire par l'estat que nous
avons fait getter et calculer par les gens de nos
finances, le revenu du pied-fourché vendu en ladite
ville et faubourgs de Paris, compris saint Laurent, le
huitiesme du vin vendu à destail, l'imposition du
vin vendu en gros, et les poissons aussi vendus
en ladite ville, et autres membres et portions de
nos domaines, aydes, impositions et gabelles de
la charge d'outre Seine, ou partie desdites choses
à perpétuel rachapt et remeré, jusqu'à la somme
de vingt-cinq mil livres tournois de rente ; et la
déclaration qui s'en ensuivront desdites aydes et
gabelles, faire lire, publier et enregistrer en nostredite cour de parlement et chambre des comptes ;
nous a esté accordé libérallement fournir et bailler
icelle somme de deux cent mil livres tournois
monnaie courante à présent, attendu le grand

besoing et necessité en laquelle nous sommes de présent ; mais pource que ladite somme ne se pourroit bonnement fournir, sans estre particulierement taxée sur chacun desdits manans et habitans puissans de nous ayder, ils deliberérent en icelle assemblée et conclurent en suivant l'offre qui leur avoit esté faite par nosdits commissaires, de nostre vouloir, et commandement, que certaines fermes et aydes seroient prinses par achapt de nous par la communauté et corps universel de ladite ville representé par les prevost des marchands et eschevins, jusqu'à la concurrence de ladite somme de deux cens mil livres tournois ou environ, pour après estre par iceux prevost des marchands et eschevins constituée rente particuliére à chacun d'eux qui nous bailleroient partie ou portion de ladite somme de deux cens mil livres tournois selon la quantité des deniers qu'ils en fourniroient et de la taxe qui sur eux en sera faite ; depuis laquelle assemblée, en vertu de nosdites lettres de commission et pouvoir, nosdits commissaires ont vendu à nostredite ville de Paris les fermes du pied-fourché vendu en icelle ville, faubourgs et marchés d'iceux, et hors d'icelle ville, compris

saint Laurent ; du huitiesme du vin vendu en destail au quartier de la Grève, faisant l'une de nos
quatre fermes dudit huitiesme de ladite ville, ainsi
qu'elle a accoutumé estre baillée par cy-devant.
Mais au moyen de ce qu'il a esté mis et couché par
erreur ou autrement en nos premières lettres de
declaration leûës, publiées et enregistrées ezdites
cours, que lesdites aydes, impositions et gabelles
ainsi vendues et delaissées se recevront par les
achepteurs et acquereurs d'icelles par les mains de
nos receveurs et grenetiers, chacun en son regard,
et que en icelles n'est fait mention que quand lesdits domaines et aydes seront racheptées par nous
ou nos successeurs, il ne sera rien précompté des
fruits et revenus que les preneurs et achepteurs auront
prins et perçûs, jusqu'au jour dudit rachapt, plusieurs
faisoient difficulté de nous bailler les sommes ezquel-
les ils estoient taxez et imposez, comme dit est, ce que
nous a esté remonstré par nosdits commissaires.
Pourquoi nous, ces choses considérées, et ayans
égard au bon secours qui nous est fait en nostre
dite ville, et à la bonne et libérale volonté que
nous avons promptement trouvée auxdits habitans,
voulans entretenir les paroles que nous et nosdits

23

commissaires leur avons portées et accordées, ou
fait porter et accorder, les asseurer et relever de
perte et dommage, avons d'habondant et en tant
que besoing seroit, ratifié et agréé, ratifions et
agréons avec l'espression susdite, la vente qui faite
a esté par nosdits commissaires, du pied-fourché
vendu, tant en ladite ville, faubourgs et marchez
d'icelle, que hors d'icelle ville, y compris saint
Laurent, et de l'imposition du vin vendu en destail
au quartier de Grève, telle qu'elle a accoustumé
d'estre baillée par cy-devant par nos chers et bien
amez les élûs de Paris, faisant l'une desdites quatre
fermes du huitiesme du vin vendu en ladite ville,
auxdits prevost des marchands et eschevins presens
et advenir representans le corps universel de ladite
ville, ensemble les rentes qui par eux seront cy-
après constituées particulierement sur les deniers
qui proviendront desdites aydes et impositions
ainsi venduës à chacun de ceux qui nous bailleront
partie et portion de ladite somme de deux cents
mil livres tournois, selon la cotte des deniers
qu'ils en fourniront en la taxe qui sur eux en sera
faite, et ce au prix de cent livres tournois de rente
pour douze cent livres tournois qu'ils auront baillez

comptant, et de cinquante livres tournois pour
D.C. liv. tournois qu'ils auront baillé comptant, et
de plus et de moins selon l'observance et coustume
de ladite ville ; auxquels prevost des marchands et
eschevins de ladite ville nous avons donné et don-
nons plain pouvoir, auctorité et mandement espe-
cial de constituer lesdites rentes, et au surplus, de
faire et promettre et obliger audit nom les biens de
ladite ville, et faire ce qui sera requis et necessaire
selon la nature desdits contrats ; lesquelles rentes
seront payées et baillées comptant par les commis
desdits prevost des marchands et eschevins, aux
quatre termes à Paris accoustumez, à ceux particulierement qui les auront acquises et acheptées ;
et par rapportant par ledit commis sur le premier
de ses comptes lesdites presentes signées de nostre main ou *vidimus* d'icelles fait soubz scel royal,
avec les quittances d'un chacun d'eux sur ce suffi-
sans seulement, et sur les comptes des années suivantes, lesdites quittances tant seulement, les
sommes qui ainsi y auroient esté payées et baillées
par lesdits commis, seront passées et allouées en
la despense de ses comptes ; voulans que desdites
aydes et impositions ainsi vendûës et baillées par

nosdits commissaires à ladite ville de Paris, elle
jouïsse comme de sa propre chose et heritage, par
ses mains, ou de ses fermiers et commis, si ainsi
est qu'elle les baille à ferme, ou commette à la
recepte d'icelles, sans ce que nos officiers ordinaires ou extraordinaires, ou commissaires de par
nous s'en entremetent aucunement, et qu'ils soit
besoing en leurs descharges de lettres d'estat ou
autre acquit, que les lettres qui en seront baillées
par nosdits commissaires, jusqu'à ce que par nous
ou nosdits successeurs les deniers qui en auroient
esté baillez par lesdits achepteurs, ou prins, leur
ayent esté restituez en monnoye courante à present, à une fois, ou à deux payemens, assavoir
pour ladite ferme du pied-fourché, cent-dix mil
livres tonrnois, et pour ladite ferme du huitiesme
du vin vendu en destail audit quartier de Grève,
X.C. mil livres tournois sans rien précompter,
comme dit est, des fruits et revenus qu'ils en auront
prins et perceus jusqu'au jour dudit rachapt avec
tous loyaux coustemens, lesquelles ventes desdits
aydes et impositions ainsi faites par nosdits commissaires à nostredite ville, voulons et nous plaist
estre leuës, publiées et enregistrées en nosdites

cours, et mesmement en icelle nostre cour de parlement en ensuivant nostre promesse et de nosdits commissaires, faite et réïtérées en ladite assemblée, nonobstant qu'on puisse alleguer icelles aydes ne ressortir de présent en ladite cour de parlement, et quelconques ordonnances que pourrions avoir faites sur le fait de nosdites aydes, à ce contraire, auxquelles nous avons dérogé et dérogeons pour cette fois et sans préjudice d'icelles. Et outre ce avons octroyé et octroyons, voulons, et nous plaist, que lesdits prevost des marchands et eschevins presens et advenir connoissent en leur hostel de ville, jugent et décident des questions, procez et differens qui pourront sourdre et se mouvoir à cause desdits aydes et des dépendances d'iceux, entre quelconques personnes que ce soient, privilegiez et non privilegiez quant à la juridiction et connoissance de ladite matière, nonobstant leurs privileges : iceux toutefois, quant aux autres choses, demourans en leur force et vertu ; et laquelle juridiction, connoissance et decision leur avons de notre grace especialle, pleine puissance et auctorité royale octroyée, deleguée et ordonnée, octroyons, deleguons et ordonnons; et aussi que les sentences qui sur

ce seront par eux données et prononcées, et les con-
traintes par eux decernées et ordonnées, seront
exécutées, comme si elles estoient emanées de nosdits élus, et pour nos propres debtes et affaires ;
lesquels deniers venans desdites fermes et aydes
nous ne voulons ne entendons estre receus par nos
officiers ou commis par les officiers de la ville, ne
autres quelconques, sinon par celui qui y sera commis par lesdits prevost des marchands et eschevins,
en quoi faisant, nous avons interdit et deffendu,
interdisons et deffendons à nosdits élûs de l'elec-
tion de Paris, tous baux, juridiction et connoissance
d'icelles aydes, fermes et impositions pour le
temps advenir, jusques à ce qu'elles soient par nous
racheptées et remises en leur premier estat ; voulons et ordonnons que les appellations qui seront
interjettées desdits prevost des marchands et eschevins, ressortissent par appel en nostredite cour
des generaux de la justice des aydes, et ce sans
préjudice du privilège de ladite ville en autres causes. Et si par inadvertance ou autrement, lesdits
élûs avoient fait aucuns baux, baillé aucunes commissions des choses dessus dites en vertu de nostre
mandement nous iceux avons revocquez, cassez et

adnullez, revocquons, cassons et adnullons en leur mandant qu'ils n'aient à recevoir aucuns pleiges, ne bailler leurs commissions desdits baux et fermes pour les années à venir commençans au jour de saint Remy dernier passé; et s'aucunes en ont baillées, qu'ils ayent à rayer et adnuller, ou faire rayer et adnuller par leur clerc et greffier le registre qui pour ce pourroit avoir esté fait, ensemble de la reception desdits pleiges, s'aucune en est ensuivie, comme nulle et de nul effet et valeur. Promettant en bonne foy et parole de roy et sur nostre foy, pour nous, nostre royaume, couronne et successeur ou icelle, ne convertir ne employer à nostre profit ne de nos successeurs, ne en autres usages ne chose quelconque, lesdites fermes et aydes; et obligeans speciallement aux choses desusdites et chacunes d'icelles, nostre propre et privé patrimoine present et advenir, nonobstant toutes ordonnances faites par nos predecesseurs, s'aucune en y a que l'en pourroit alleguer, contraire à nosdites declarations, ratification et à tout le contenu en cesdites nos lettres, à quoy nous avons derogé et derogeons pour cette fois..... Les deniers venans desquelles aydes nous deffendons auxdits prevosts des marchands et eschevins presens et advenir, estre ailleurs employez que pour l'acquit et payement des preneurs et acquereurs desdites rentes, jusqu'à la concurrence des constitution d'icelles et des frais qui s'en ensuivront, sur peine de recouver par lesdits particuliers preneurs et achepteurs ce qui en auroit esté par eux ailleurs employé sur les prevost des marchands et esche-vins qui pour lors seront audit estat et office, et pour le temps tant seulement. Et si par cy-après estoient par nous ou nos successeurs expédiées aucunes lettres, mandemens et commissions à ce contraires, nous icelles avons dez à present pour lors, et dez lors pour à present revocquées et re-vocquons par cesdites presentes lettres, auxquelles nos lettres en tesmoing de ce, nous avons fait appo-ser nostre grand scel.

Donné à Saint Germain en Laye le x Octobre M D. XXII. et de nostre règne le VIII.

Ainsi signé : FRANÇOIS.

et plus bas, Par le roy, Dorne.

ANNEXE II

ANCIEN CONTRAT DE RENTE

A tous ceux qui ces presentes lettres verront, Charles Denis de Bullion, Chevalier, Marquis de Gallardon, seigneur de Bonnelles, Bullion, Esclimont, Montlouët, et autres lieux, conseiller du Roy en ses conseils, et Prevost de la ville et Prevosté de Paris, Salut. Sçavoir faisons, que par devant Mᵉˢ André Chèvre et Nicolas De Lambon, Conseillers du Roy, Notaires Garde-notes et Garde-Scels de sa Majesté au Chastelet de Paris, soussignez furent présens Messire Jérôme Bignon, chevalier conseiller d'Estat Prevost des Marchands, Pierre Chauvin, ecuïer Conseiller du Roy et de la Ville, Claude le Roy, ecuïer seigneur de Lamgue et Hier et de la Chapelle-Iger, avocat au Parlement, conseiller du Roy, Notaire à Paris, Michel Louis Lazon, ecuïer Conseiller du Roy, Quartenier, et Pierre Jacques Brillon ecuïer, avocat au Parlement, tous Echevins de cette ville de Paris.

Lesquels, en exécution du Contract de vente et alienation faite par Messieurs les Commissaires du

Conseil, Procureurs spéciaux de sa Majesté, en vertu de ses Lettres patentes, auxdits sieurs Prevost des Marchands et Echevins de huit cent mil livres actuels et effectifs de Rente, au Denier seize, annuelle et perpétuelle créées par Edit du mois de juin mil sept cent neuf, registré où besoin a esté, et pour les causes y contenues, à l'avoir y prendre généralement sur les Deniers provenans des aydes et gabelles de France, que sa Majesté a spécialement et par privilege, obligez, affectez et hypotequez au payement et continuation de ses huit cent mil livres de Rente, et ordonné que les Constitutions particulieres en soient faites par lesdits sieurs Prevost des Marchands et Echevins, à ceux qui voudront les acquerir pour en jouir par eux, leurs successeurs, et ayans cause, pleinement et paisiblement, comme de leur propre chose, vray et loyal acquest, en vertu de leurs Contracts, et en estre payez par demie année à Bureau ouvert, en deux payemens égaux par chacun an, actuellement et effectivement, sous leurs quittances par les Receveurs et Payeurs des Rentes, sans que lesdites Rentes puissent estre retranchées ny réduites pour quelque cause et occasion que ce soit, ny les Ac-.

quereurs dépossédez, sinon en les remboursant en
un seul et actuel payement des sommes portées par
leurs contracts, et des arrerages qui en seront lors
dûs et échûs, frais et loyaux cousts, le tout en
payant par les Acquéreeurs actuellement en deniers
comptans ès mains du sieur Garde du Trésor Royal,
le prix principal de leurs acquisitions, à raison du
Denier Seize du payement actuel des Rentes nonobstant les preceddans edits de sa Majesté qu'il
avait fixé au denier vingt de la jouissance actuelle
et tous autres edits contraires auxquels sa Majesté
a renoncé avec faculté accordée par sa Majesté,
conformément à son Edit du mois de Decembre
1674, aux Estrangers non naturalisez, et à ceux de-
meurans hors du Royaume, Païs, Terres et Sei-
gneuries de son obéissance, de pouvoir acquerir
desdites Rentes, ainsi que s'ils estoient ses propres
Sujets, mesme en disposer entre vifs ou par Testament, en quelque sorte et maniere que ce puisse
estre ; et en cas qu'ils n'en ayent disposé, que leurs
heritiers leur succedent, encore que leurs donatai-
res, legataires ou heritiers, soient Estrangers ou
Regnicoles ; pourquoy sa Majesté auroit renoncé
au Droit d'Aubaine et autres, et à celuy de confis-

cation, en cas qu'ils fussent sujets des Princes et Estats avec lesquels sa Majesté est ou pourroit cy-après estre en guerre, dont sa Majesté les auroit relevez et dispensez, et auroit voulu que lesdites Rentes soient exemptes de toutes Lettres, de Marques et de Represailles ; pour quelque cause, et sous quelque pretexte que ce puisse estre, et qu'elles ne puissent estre saisies par leurs Creanciers, Regnicoles ou Estrangers, selon qu'il est porté audit Edit, et audit Contract de vente et alienation de huit cent mil livres de Rente, passé par devant Maistres......... Conseillers du Roy, Notaires au Chastelet.

Et pour fournir à sa Majesté par lesdits sieurs Prevost des Marchands et Echevins, le principal de...... de Rente, ont reconnu et confessé avoir par ces Presentes vendu, créé, constitué, assis et assigné dès maintenant et à toûjours ; et promettent pour et au nom de sa Majesté, garentir de tous troubles et empêchements generalement quelconques, au sieur.... Ce acceptant par les notaires soussignez pour Luy ses héritiers et ayant cause, quinze cents livres de Rente annuelle que lesdits sieurs Prevost des Marchands et Echevins, pour eux et leurs successeurs es-dites Charges promettent faire bailler et payer par chacun an, par lesdits sieurs payeurs, au sieur..... ses héritiers et ayant cause sous leurs simples quittances, en deux payements égaux, de demie année en demie année, ès premiers jour de Janvier, et Juillet, dont la premiere demie année a commencé au premier juillet dernier et continuer à payer par demie année, tant que ladite Rente aura cours, à l'avoir et prendre specialement sur les Deniers provenans des aydes et gabelles de France que lesdits sieurs Prevost des Marchands et Echevins en ont chargez, affectez, obligez et hypotequez, à fournir et faire valoir. ladite Rente en principal et arrerages, bonne et bien payable par chacun an, ainsi que dessus est dit, sans aucune diminution, nonobstant toutes choses à ce contraires. Pour de la dite Rente jouïr, faire et disposer par le sieur..... et ses ayants cause comme de chose leur appartenante. Cette Constitution faite moyennant la somme de vingt quatre mil livres qui est à raison du Denier Seize laquelle somme suivant edit Edit a esté payée comptant, par ledit sieur....., ès mains de Messire Jean de Turmenye de Nointel, Conseiller du Roy en ses Conseils, et Garde de

son Tresor Royal, ainsi qu'il appert par sa quittance du vingt deux aoust dernier Contrôllé le dix
sept du present mois de septembre representée
ausdits sieurs Prevost des Marchands et Echevins,
et demeurée annexée à la minute des Presentes ; Ce
faisant, lesdits sieurs Prevost des Marchands et
Echevins, audit nom, se sont dessaisis, demis et
devestus desdits huit cent mil livres de Rente, au
profit dudit sieur..... et ses hoirs et ayant cause
jusques à concurrence de celle présentement constituée ; consentans qu'ils en soient saisis et mis en
possession, par qui, et ainsi qu'il appartiendra ; et
à cette fin ont constitué leur Procureur le porteur
des Presentes, ausquels ils ont donné tout pouvoir
à ce nécessaire. Rachetable à toûjours lesdits
quinze cents livres de Rente, en rendant et payant
pareille somme de vingt quatre mil livres avec les
arrerages qui en seront lors dûs et échûs, frais et
loyaux cousts. Promirent en outre lesdits sieurs
Prevost des Marchands et Echevins, avoir toûjours
ces Presentes pour agreables, sous l'obligation et
hypoteque de tous les biens et revenus de sadite
Majesté, qu'ils ont audit nom soumis à toutes juris-
dictions, renonçans en ce faisant à toutes choses à

ce contraires, en témoin de quoy Nous par lesdits Notaires Garde-Scels, avons fait mettre le Scel de ladite Prevosté à cesdites Presentes, qui furent faites et passées à Paris, au Bureau de l'Hostel de Ville, l'an mil sept cens dix, le vingt troisième jour de Septembre avant midy, et ont signé la minutte des Presentes demeurée à de Lambon L'aisné, l'un des Notaires soussignez.

Ensuit la teneur de la Quittance dudit sieur Garde du Trésor Royal.

Je Jean de Turmenyes de Nointel, Conseiller du Roy en ses conseils, Garde de son Trésor Royal, Confesse avoir receu comptant en cette Ville de Paris, du sieur....., la somme de vingt quatre mil livres en Loüis d'Or, d'Argent et autre Monnoye pour le principal de quinze cens livres de rente qui luy seront venduës et constituées par Messieurs les Prevost des Marchands et Echevins de ladite Ville de Paris, sur les huit cens mil livres actuels et effectifs de rente annuelle et perpétuelle à eux nouvellement alienez par sa Majesté, en conséquence de son Edit du mois de juin 1709 registré où besoin a esté, à prendre sur les aydes et gabelle de France pour joüir par ledit sieur....., par chacun an, de la-

dite rente de quinze cens livres sur le pied du Denier Seize, ainsi qu'il sera plus au long déclaré par
le Contract de Constitution qui luy sera expédié de
ladite Rente par lesdits sieurs Prevost des Marchands et Echevins, conformément audit Edit, de
laquelle dite somme de vingt quatre mil livres à
moy ordonnée pour employer au fait de ma charge,
je me contente et en quitte ledit sieur..........
et tous autres. Fait à Paris, le vingt-deu-
xième jour d'Aoust mil sept cens dix signé de
Turmenyes. Et à costé est écrit : Quittance du
Garde du Tresor Royal année mil sept cens dix. Et
au dos est écrit : Enregistré au Contrôlle général des
Finances, par Nous Conseiller ordinaire du Roy
en tous ses Conseils, et au Conseil Royal, Con-
trôlleur general des Finances de France à Paris le
dix septième jour de Septembre mil sept cens dix
signé Desmaretz en l'Original des Presentes, demeuré, comme dit est, annexé à la minute dudit
Contract, le tout demeuré audit de Lambon L'aisné
Notaire.

Pour seconde ampliation.

Signé : DE LAMBON.   Signé : CHÈVRE.

ANNEXE III

RÉPUBLIQUE FRANÇAISE

TRÉSORERIE
Nationale

EXTRAIT D'INSCRIPTION
sur le Grand Livre de la Dette publique

N° 4564 { Registre 6 / Volume 4 } Somme 3245

Je soussigné, Directeur du Grand Livre de la Dette publique, Certifie que le Citoyen

Fortin (Emile Adolphe)

est inscrit sur le Grand Livre de la Dette publique pour une somme de trois mille deux cent quarante cinq livres

Vu lesdits jour et an

Paris, le 12 Prairial l'an 5ᵉ de la République française une et indivisible

LIBERTÉ — ÉGALITÉ

FRATERNITÉ

MODÈLE DE L'EXTRAIT D'INSCRIPTION AU GRAND-LIVRE

LOIS, DÉCRETS, ORDONNANCES ET ARRÊTÉS qui ont autorisé la création des Rentes.	DESIGNATION ET MOTIFS DES OPÉRATIONS.	MONTANT des RENTES INSCRITES.	OBSERVATIONS.
	RENTES 5 P. o/o		
Lois des 24 août 1793 et 9 vendémiaire an VI, (30 Septembre 1797),	Les rentes intégrales, susceptibles d'être inscrites au Grand-vre, devaient s'élever à 174,716,000 francs. La consolidation au tiers et les diverses annulations qui ont lieu de rentes reçues en payement de domaines nationaux confisqués sur les émigrés et les mains mortables, etc., ont duit les rentes inscrites à .... Dette des pays réunis à la France (A)....... 6,086,000	40.216.000 fr.	(A) Belgique...................... 4.000.000 fr. Départements de la rive gauche du Rhin 408.000 Piémont.......................... 1.090.000 Ligurie.......................... 353.000 Parme et Plaisance............... 62.000 Divers........................... 173.000 TOTAL 6.086.000
Lois des 29 ventôse an IX, (20 Mars 1801), 21 floréal an X (11 Mai 1802), 4 germinal an XI, (25 Mars 1803), 15 septembre 1807, 15 janvier 1810, et 20 mars 1813.	Création de rentes pour le payement de l'arriéré, savoir : Arriéré antérieur à l'an V.............. 5,663,000 Arriéré de l'an V à l'an IX............. 4,591,000 Arriéré de l'an X à l'année 1809 ...... 1,000,000 Créations pour le service courant : Au profit de la caisse d'amortissement, en échange de bons................... 5,000,000 Au profit du domaine extraordinaire, en échange de valeurs............... 750,000 Pour divers motifs et appoints négligés...... 1,637	23.091.637	
Mêmes lois	TOTAL des rentes inscrites au 1er avril 1814...... Complément des rentes données en payement de l'ancienne d... constitué, et inscrites en vertu des lois relatées ci-dessus.	63.307.637 174.193	
Loi du 20 mars 1813......	Rentes inscrites au nom des communes en remboursement prix de leurs biens.	2.631.303	
Lois des 23 septembre 1814 et 28 avril 1816.	Rentes données en payement du service de l'arriéré, du 1er jan 1810 au 1er janvier 1816.	8.777.629	
Lois des 15 mai 1818 et 17 août 1822.	Rentes remises en payement du service de l'arriéré antérieur 1er janvier 1810.	2.129.867	
Loi du 21 décembre 1814...	Rentes remises en payement des dettes contractées par le Louis XVIII.	1.499.654	
Lois des 23 décembre 1815 et 6 mai 1818.	Rentes remises en payement des créances étrangères inscrites exécution des conventions des 20 novembre 1815 et 25 a 1818.	43.182.545	
Lois des 28 avril 1816, 21 mars 1817, 6 et 15 mai 1818.	Rentes créées pour les dépenses des exercices 1816, 1817 et vants, et pour le payement des dettes de la France, recon par le traité du 30 mai 1814 et les conventions du 20 novem 1815.	52.600.000	
Lois des 18 mars 1821, 1er et 17 août 1822.	Rentes créées pour le remboursement des reconnaissances d quidation	20.409.292	
	A reporter........................	194.712.120	

LOIS, DÉCRETS, ORDONNANCES ET ARRÊTÉS qui ont autorisé la création des Rentes.	DÉSIGNATION ET MOTIFS DES OPÉRATIONS.	MONTANT des RENTES INSCRITES.	OBSERVATIONS.
	Report..........................	194.712.120	
	RENTES ; P. o/o. (Suite.)		
	Rente remise à la Légion d'honneur en remboursement de ses biens vendus..........	240.000	
Loi du 31 juillet 1821.....	Rente inscrite en remboursement de cautionnements à des Français anciens comptables en Westphalie..................	2.654	
Loi du 17 mars 1823.....	Rentes négociées pour les dépenses extraordinaires de l'exercice 1823................	4.000.000	
Loi du 25 mars 1831.....	Rentes négociées pour les besoins extraordinaires de l'exercice 1831................	7.142.838	
Lois des 25 mars et 18 avril 1831.	Rentes inscrites au nom des souscripteurs de l'emprunt national au pair, en échange, soit de leurs récépissés de versement, soit des obligations du Trésor qui leur avaient été remises....	1.021.945	
Lois des 5 janvier, 25 avril, 18 mars 1831, 21 avril 1832, et ordonnance du 7 juillet 1832.	Rentes inscrites au nom des souscripteurs de l'emprunt de 150 millions, et dont le capital a été affecté à la réduction de la dette flottante..........	7.614.213	
Décision du 14 novembre 1832.	Rétablissement d'une rente dont l'État avait la jouissance temporaire.....................	109	
Décret du 9 mars 1848.....	Rentes inscrites au nom des souscripteurs de l'emprunt national au pair.................	1.309.104	
Décret du 7 juillet 1848...	Rentes pour compensation aux porteurs de bons du Trésor versés dans l'emprunt national......	284.757	
	Rentes inscrites par suite de la consolidation des livrets des caisses d'épargne..........	19.619.118	
Décret du 24 juillet 1848...	Rentes inscrites aux noms des souscripteurs de l'emprunt national de 13,131,500 francs........	13.107.000	
Décret du 9 août 1848...	Rentes inscrites pour compensation aux souscripteurs dudit emprunt....................	42.313	
Décret du 17 août 1848...	Rentes inscrites par suite du rachat du chemin de fer de Paris à Lyon.................	6.817.348 60	
	Rentes inscrites par suite de la consolidation des fonds placés au Trésor par les communes....	230.202	
Décret du 29 juillet 1848...	Rentes inscrites par suite de la consolidation des fonds placés au Trésor par les établissements hospitaliers........	217.274	
Décision ministériel du 5 septembre 1848.	Rentes inscrites pour la consolidation des bons du Trésor émis en remboursement des livrets des caisses d'épargne......	1.690	
Loi du 21 novembre 1848...	Rentes inscrites pour compensation aux souscripteurs de l'emprunt national..............	192.213	
	À reporter....................	256.554.918 60	

LOIS, DÉCRETS, ORDONNANCES ET ARRÊTÉS qui ont autorisé la création des Rentes.	DÉSIGNATION ET MOTIFS DES OPÉRATIONS.	MONTANT des RENTES INSCRITES.	OBSERVATIONS.
	Report......................	256.554.918 60	(A) Rentes rachetées par la Caisse d'amortissement (rentes annulées)..... 48.153.960 00
	RENTES 5 p. o/o (Suite)		Rentes remboursées lors de la conversion des rentes 5 p. o/o en rentes 4 1/2 p. o/o, 1852.... 3.685.392 51
Loi du 30 avril 1849.....	Rentes inscrites pour l'indemnité coloniale..............	5.871.172 ..	Rentes remboursées lors de la conversion des rentes 5 p. o/o en rentes 4 1/2 p. o/o 1883........ 4.787 00
Loi du 20 juin 1871 et arrêté du 23 juin 1871.	Emprunt de 2 milliards. — Indemnité de guerre à l'Allemagne	158.975.295 ..	Annulations diverses............. 7.013.073 01
Loi du 15 juillet 1872, décret et arrêté du 20 du même mois.	Emprunt de 3 milliards. — Indemnité de guerre à l'Allemagne.	207.026.310 ..	Total égal............. 58.857.412 52
	Total	606.427.695 60	(B) Montant des rentes 5 p. o/o converties en rentes 4 1/2 p. o/o..... 340.182.317 00
	A DÉDUIRE POUR ANNULATIONS :		Diminution résultant de la conversion 34.018.231 70
Loi du 1er mai 1825.....	Rentes 5 p. o/o converties en rentes 3 p. o/o 30.574.116 00		Total 306.164.085 30
	Rentes 5 p. o/o converties en rentes 4 1/2 p o/o 1.149.840 00		Rentes représentant le capital des rentes 5 p. o/o remboursées.... 3.963 00
	Total.... 31.723.956 00		Rentes 4 1/2 p. o/o inscrites.... 306.168.048 30
Décret du 14 mars 1852....	Rentes 5 p. o/o converties en rentes 4 1/2 p o/o 175.664.010 08		
	Total.... 207.387.966 08		C. Montant des rentes 5 p. o/o converties en rentes 4 1/2 p. o/o pour 0/0... 1.149.840 00
	Annulations pour divers motifs (A)........ 58.857.412 52		Diminution résultant de la conversion... 115.076 00
	Total 266.245.378 60		RENTES 4 1/2 p. o/o inscrites.. 1.034.764 00
Loi du 27 Avril 1883. Décret du 12 mai 1883.	Rentes 5 p. o/o converties en rentes 4 1/2 p o/o 340.182.317 00		
	Total général des annulations . 606.427.695 60	606.427.695 60	D. Montant des rentes 5 p. o/o converties en rentes 4 1/2 p. o/o... 175.664.010 08
	Reste pour le montant des rentes inscrites au 1er janvier 1884.	...	Diminution résultant de la conversion... 17.566.401 00
	RENTES 4 1/2 p. o/o (nouveau fonds).		Rentes 4 1/2 p. o/o inscrites.. 158.097.609 08
Loi du 27 avril 1883. Décret du 12 mai 1883.	Rentes provenant de la conversion facultative des rentes 5 o/o	306.168.048 30	E. Montant des rentes 5 p. o/o affectées à l'indemnité coloniale.............. 6.000.000 00
	A déduire pour annulations :		Rentes 5 p. o/o inscrites antérieurement au 3 avril 1852....... 3.871.172 00
	Annulations pour divers motifs........	627.689 00	RENTES 5 p. o/o restant à inscrire 2.128.828 00
	Reste pour le montant des rentes inscrites au 1er janvier 1884.	305.540.359 30	DIMINUTION résultant de la conversion 212.883 00
	RENTES 4 1/2 o/o		RENTES 4 1/2 p. o/o inscrites..... 1.915.945 00
Loi du 1er mai 1825..... Décret du 14 mars 1852.... Lois des 30 avril 1849 et 30 juillet 1850.	Rentes provenant de la conversion facultative des rentes 5 p. o/o (c) 1.034.764 ..		
	Rentes provenant de la conversion facultative des rentes 5 p. o/o (D) 158.097.609 08		
	Liquidation de l'indemnité coloniale...... (E) 1.915.945 ..		
	A reporter	161.048.318 08	

LOIS, DÉCRETS, ORDONNANCES ET ARRÊTÉS qui ont autorisé la création des Rentes.	DÉSIGNATION ET MOTIFS DES OPÉRATIONS.	MONTANT des RENTES INSCRITES.	OBSERVATIONS.
	Report...................	161.048.318 08	
Décret du 27 mars 1852....	Rente concédée à la Légion d'honneur...................	500.000 ..	
	Rentes rétablies par suite de remboursements indûment effectués	1.051 ..	
Loi du 11 mars 1854....	Emprunt de 250 millions. — Ressources extraordinaires pour besoins de l'exercice 1854 (guerre de Crimée)...........	4.550.640 ..	
Loi du 31 décembre 1854....	Emprunt de 500 millions. — Ressources extraordinaires pour besoins de l'exercice 1854 (guerre de Crimée)...........	8.052.120 ..	a. Décret du 27 avril 1852............ 4.475.655 90 Loi du 12 février................ 133.619.587 ..
Loi du 11 juillet 1855....	Emprunt de 750 millions. — Ressources extraordinaires pour besoins des exercices 1855 et 1856 (guerre de Crimée)....	4.389.760 ..	
Décret du 17 mars 1858....	Rétablissement d'une partie du majorat du duc d'Istrie......	8.397 ..	TOTAL ÉGAL......... 138.095.242 90
	RENTES 4 1/2 P. o/o. Suite.		
Loi du 2 mai 1859.........	Emprunt de 500 millions. — Dépenses extraordinaires de la guerre (guerre d'Italie)...........	573.710 ..	b. Rentes rachetées par la Caisse d'amortissement (rentes annulées)............ 1.386.881 ..
	TOTAL...................	179.123.996 08	Annulations diverses............ 2.208.588 18
	A DÉDUIRE :		
Loi du 12 février 1862....	Rentes 4 1/2 p. o/o converties en rentes 3 p.o/o (a)........ 138.095.243 94		TOTAL ÉGAL......... 3.595.469 18
	Rentes annulées pour divers motifs (b)..... 3.595.469		
	TOTAL des annulations..... 141.690.712 08	141.690.712 08	
	RESTE, pour le montant des rentes inscrites au 1er janvier 18..	37.433.284 ..	c. Rentes rachetées par la Caisse d'amortissement et annulées..... 838.738 ..
	RENTES 4 P. o/o.		Rentes 4 p. o/o appartenant aux caisses d'épargne et converties en rentes 5 p. o/o............ 8.035.211 ..
Loi du 19 juin 1828......	Dépenses extraordinaires des exercices 1828 et 1829......	3.134.950 ..	Annulations diverses............ 271.729 ..
Loi du 5 juin 1835......	Rentes transférées, au nom de la Caisse des dépôts et consignations pour la consolidation des fonds que les caisses d'épargne et de prévoyance avaient été admises à placer en compte courant au Trésor : En 1837................... 4.092.647 En 1845................... 4.000.000	8.092.647 ..	TOTAL ÉGAL......... 9.145.678 ..
	TOTAL...................	11.227.597 ..	
	A DÉDUIRE :		
Loi du 12 février 1862.....	Rentes 4 p. o/o converties en rentes 3 p.o/o..... 1.635.82		
	Rentes annulées pour divers motifs (c)........ 9.145.67		
	TOTAL des annulations........ 10.781.50	10.781.501 ..	
	RESTE pour le montant des rentes inscrites au 1er janvier 18..	446.096 ..	

LA DETTE CONSOLIDÉE DEPUIS SON ORIGINE (Suite.)

LOIS, DÉCRETS, ORDONNANCES ET ARRÊTÉS qui ont autorisé la création des Rentes.	DÉSIGNATION ET MOTIFS DES OPÉRATIONS.	MONTANT des RENTES INSCRITES.	OBSERVATIONS.
	RENTES 3 P. o/o.		
Loi du 1er mai 1825	Rentes provenant de la conversion facultative des rentes 5 p.	14.459.035 ..	(A) Montant des rentes 5 p. o/o converties en rentes 3 p. o/o.... 30.574.116 00
Loi du 27 avril 1825	Rentes appliquées à l'indemnité des émigrés.............	25.995.310 ..	Diminution résultant de la conversion 6.115.081 00
Loi du 25 juin 1841........	Emprunt de 150 millions. — Dépenses de travaux publics ordinaires...............................	3.730.659 ..	MONTANT des rentes 3 p. o/o inscrites. 24.459.035 00
Loi du 25 juin 1841 et ordonnance du 9 novembre 1844.	Emprunt de 200 millions. — Dépenses de travaux publics ordinaires.......................	7.079.646 ..	
Loi du 8 août 1847 et ordonnance du 9 octobre 1847.	Emprunt de 250 millions. — Dépenses de travaux publics ordinaires......................	2.569.413 ..	
Décret du 7 juillet 1848 ...	Rentes inscrites pour la consolidation des bons du Trésor.	13.541.574 ..	
Loi du 21 novembre 1848..	Rentes inscrites pour compensation aux porteurs de bons du Trésor.............	2.152.786 ..	
Décret du 29 juillet 1848..	Consolidation de fonds placés au Trésor par les communes, établissements publics................	11.869 ..	
Décret du 27 avril 1852....	Rentes émises en échange de 4.475.655 fr. 90 cent. de 4 1/2 p. o/o.......................	4.403.436 ..	
Loi du 11 mars 1854	Emprunt de 250 millions. — Ressources extraordinaires pour besoins de l'exercice 1854 (guerre de Crimée)...........	7.139.590 ..	
Loi du 31 décembre 1854..	Emprunt de 500 millions. — Ressources extraordinaires pour besoins de l'exercice 1854 (guerre de Crimée)..........	15.857.530 ..	
Loi du 11 juillet 1855	Emprunt de 750 millions. — Ressources extraordinaires pour besoins des exercices 1855 et 1856............	31.699.740 ..	
Loi du 10 juillet 1856.....	Rentes inscrites au nom des héritiers des princesses de la maison d'Orléans........................	600.000 ..	
Loi du 6 juin 1857....	Rentes créées pour le rachat du Palais de l'Industrie.......	441.176 ..	
Lois des 26 avril 1855 et 19 juin 1857.	Rentes inscrites au nom de la dotation de l'armée..........	7.942.345 ..	
Loi du 2 mai 1859.........	Emprunt de 500 millions. — Dépenses extraordinaires de guerre (guerre d'Italie).....................	25.199.660 ..	
Loi du 9 juin 1857, décret du 28 novembre 1859.	Rentes transférées à la Banque de France.............	4.000.000 ..	
	A Reporter....................	178.843.739 ..	

LOIS, DÉCRETS, ORDONNANCES ET ARRÊTÉS qui ont autorisé la création des Rentes	DÉSIGNATION ET MOTIFS DES OPÉRATIONS.	MONTANT des RENTES INSCRITES.	OBSERVATIONS.
	Report..........................	178.843.739 ..	
	RENTES 3 P. o/o. Suite.		
Loi du 12 février 1862	Rentes provenant de la conversion facultative des rentes 4½ et 4 p. o/o	135.255.410 ..	(A) Rente 4 1/2 p. o/o converties en rente 3 p. o/o......... 133.619.587 00
Loi du 30 décembre 1863..	Rentes émises en échange de 604,626 obligations converties	11.092.520 ..	Rente 4 p. o/o converties en rente 3 p. o/o............ 1.635.823 00
Loi du 1er août 1868......	Emprunt de 300 millions. — Réduction des découverts du Trésor........................	14.249.339 ..	TOTAL ÉGAL........ 135.255.410 00
	Emprunt de 429 millions. — Réduction de la dette flottante. Dépenses extraordinaires concernant la guerre, la marine, les travaux publics......................	19.514.315 ..	
Loi du 2 août 1868, décret du 10 décembre 1868, arrêtés des 5 février et 23 juillet 1869.	Conversion des emprunts mexicains... { Article 1er...... { Article 2........	4.000.000 .. 1.701.605 ..	(B) Opération nécessitée en partie par la dépense de la guerre du Mexique.
Loi du 12 août 1870	Emprunt de 750 millions. — Guerre de 1870.....	39.830.306 ..	
Loi du 26 mars 1873......	Rentes destinées à remplacer les inscriptions de même somme disparues pendant l'insurrection de 1871.............	310.000 ..	(C) Montant de rentes................ 4.000.000 00 Rente inscrite 4.000.000 00
	TOTAL.........................	405.837.234 ..	RENTES 3 p. o/o restant à inscrire au 1er janvier 1884........................ . :
	A DÉDUIRE :		
	Rentes annulées pour divers motifs......................	42.790.106 ..	(D) Rentes rachetées par la Caisse d'amortissement et annulées.......... 37.998.366 00 Annulations diverses.............. 4.791.740 00
	RESTE pour le montant des rentes inscrites au 1er janvier	363.047.128 ..	TOTAL ÉGAL.......... 42.790.106 00

TABLE

TABLE 385

E

TABLE 387

TABLE 389

ERRATA.

—

Page 26, ligne 19, au lieu de : *se délibérer*, lisez : *se libérer*.

Page 58, dernière ligne, au lieu de : *3oo* millions, lisez : *6oo* millions.

Page 156, ligne 13, au lieu de : *réclame*, lisez : *proclame*.

Page 297, (Note) au lieu de : *44 millions, 7,000,000 fr.*, lisez : *44 millions, 700,000 fr.*

IMPRIMERIE

DU FORT-CARRÉ

A

SAINT-DIZIER

HAUTE-MARNE.

www.ingramcontent.com/pod-product-compliance
Lightning Source LLC
Chambersburg PA
CBHW061110220326
41599CB00024B/3986